U0909091

论语浅说

李义奇——译著○

党建读物出版社

图书在版编目（CIP）数据

论语浅说 / 李义奇译著 . — 北京 : 党建读物出版社，2024.3

ISBN 978-7-5099-1561-5

Ⅰ. ①论… Ⅱ. ①李… Ⅲ. ①《论语》—注释 ②《论语》—译文 Ⅳ. ① B222.2

中国国家版本馆 CIP 数据核字（2024）第 032736 号

论语浅说
LUNYU QIANSHUO
李义奇　译著

责任编辑：王而山
责任校对：张学民
装帧设计：嘉信一丁
出版发行：党建读物出版社
地　　址：北京市西城区西长安街 80 号东楼（邮编：100815）
网　　址：http: // www. djcb71. com
电　　话：010 – 58589989 / 9947
经　　销：新华书店
印　　刷：保定市中画美凯印刷有限公司
2024 年 3 月第 1 版　2024 年 3 月第 1 次印刷
710 毫米 ×1000 毫米　16 开本　18.5 印张　204 千字
ISBN 978-7-5099-1561-5　定价：58.00 元

序言：心中的孔子

儒家文化在中国一直具有重要地位，这不是哪个人的思想主张，而是两千多年来中国社会的经验事实。可以说，每个中国人身上都有孔子的影子、《论语》的影子，因为我们都是在这样的一个文化氛围中长大的。或许，我们平时没有察觉，一旦我们走进异国他乡，我们身上的文化标识极容易被辨别出来。

《论语》是一部伟大的著作。两千五百多年以来，经由《论语》，受到孔子教诲的人，数以亿万计，我们以及我们的后世子孙，已经并仍将从《论语》中获益。

《论语》早已融入中国人的文化血脉之中。或许你没有发现，在两千多年来流传下来的历史故事中，人的褒贬、事的好坏，多是以孔子的标准为标准的。同为中国人，大家可能生活的际遇不同、生活的方式不同，但彼此之间还是有很多共同的东西，比如忠孝节义等，这些东西都可在《论语》中找到根由。在写这本《论语浅说》过程中，我越来越觉得对孔子有一种亲近感，读《论语》使我心安。

如果不经意地翻阅《论语》，会发现《论语》只是一些零碎的、简约的谈话记录。可以说，《论语》中许多话，不是由逻辑推论出来的，不是凭思辨剖析出来的，而是由孔子的人格直接吐露出来的。或许，孔子师徒当时并没有经由《论语》构建儒家意识形态、逻辑框架的理论自觉，甚至孔子似乎总是在有意无意地避开抽象性的、观念性的、逻辑性的推理和描述，孔子只是在言说自己体验、感悟到的东西，宣讲自己已经到达之地。通过认真读《论语》，我们有理由相信，孔子和他的弟子们并非有意识地要构建什么、揭示什么。就连孔子自己推崇备至的“仁”、人们认为体现儒家核心价值的“仁”，在《论语》中也没有给出一个明确的定义。关于“仁”，孔子面对不同场合不同弟子的提问，却有着不同的回答，也许会使读者丈二和尚一下子摸不着头脑。我们也许可以说，孔子并不关心“仁”的明确定义或者说标准，他关心的只是“仁”的实践价值，或者说他关心的只是在不同环境条件下他的弟子实现“仁”的方式和途径。通过阅读《论语》我们看到，孔子言行展现出来的，与其说是倡导一套理论，不如说是实践中的基本取舍。或许孔子认为，具体的身教比普适性的言教更能使学生们找到他们实现自我的途径。孔子的教学是实践导向的，孔子试图通过引导弟子们的具体实践以达到他所倡导的“仁”的境界。

作为一个传道者，孔子与世上其他的传道者（如苏格拉底、释迦牟尼、耶稣等）不同的是，他对语言抱有一种天然的抵触。他认为语言会远离真实（巧言令色，鲜矣仁），孔子自己不好多言，讨厌巧言，对语言的要求仅仅是辞达而已。孔子提倡弟子们讷于言、慎于言，自觉抵制语言的诱惑。不仅如此，孔子似乎有意避开观念性的推理和描述。这些，无疑为我们理解孔子的学说、主张设置了重重障碍。因为我们已经无法置身于两千五百多年前孔子师生谈话时的环境之中，我们只能通过《论语》记载的、孔子刻意压制的语言来揣摩孔子想要表达的大义，我们只能面对仅存的只言片语而不断地反省体悟，以求理解孔子博大精深的思想。

尽管如此，透过《论语》，我们能感受到孔子对当时社会、对人生深切的挂念和忧虑，以及他身上崇高的人格魅力和充满悲悯之意的淑世情怀。这使我们由衷地敬佩当时的孔子。伏尔泰在《哲学辞典》中说，“孔子没有发明一套道德体系，而是在所有人的心里找到了它。”也许，读《论语》，我们可以借用的工具就是我们心中潜藏的那个孔子，我们可以选择的途径只能是“人同此心，心同此理”了。所以我认为，读《论语》，需要一颗纯粹的心；浅说、浅读，是大众理解《论语》、理解孔子最为恰当的方式。

《论语》中的每一句话，都不是孤零零的存在，都有它的前因和后果。因此，《论语》的意义还能从文本之外追寻。除了《左传》《诗经》等提供的些许线索之外，我们还需要穿越两千五百余年，回到孔子讲话时的现场，了解孔子言说时的关切和忧虑，从中读出孔子的微言大义。或许，我们可以庆幸的是，孔子的弟子们原原本本地记录了他是怎么说的、怎么做的和怎么想的。尤其生动的是，孔子那些对具体问题的回答。这本《论语》，记录着在具体场景中栩栩如生的、而不是抽象的孔子，使今天的我们，仍然可以通过《论语》倾听到孔子的心声，感受到孔子令人震撼的人格力量，为他的百折不挠、为他在艰难险阻前表现出来的巨大勇气、为他那广阔的胸怀和深刻的使命感所吸引。我想，这大概也是我试图通过浅说的形式解读《论语》的勇气来源吧。

《论语》并不复杂，也不深奥。如果能够深入进去，你会发现，《论语》就是我们生活中的日常。小时候家长、老师的教诲，长大后沉淀下来的生活经验，我们内心判别是非的标准，以及我们不知不觉中人生价值的选择，其实都埋藏在《论语》里面。也难怪，我们就是在这样的文化氛围中成长起来的呀！

读着读着，突然明白了，孔子的仁，是一个人面对自己时，要求自己能真正成为一个人时的自我觉醒、自我反思，以及由此带来的强烈的使命感。可以说，孔子的仁，指的就是人。在孔子的心目中，做人的标准、人之为人的要求、抽象的人就是仁。具体的人、像样的人，就是孔子口头讲的品德高尚的君子。君子是具体的，仁是抽象的，两者共同指向人之为人的觉悟。

孔子在中华文明史上的重大贡献，是其实现了以人道取代殷周以来的鬼道和天道。殷商尊崇自己的宗祖神，称其为帝。他们认为世间的吉凶福祸，皆取决于帝的意志。他们遇事先要用占卜的方法，请求帝予以明示。到了西周，周人的图腾为天，他们用天取代了殷商的帝，天道取代了鬼道。天是有意志的自然，人可以通过自然现象有所观察，相对于完全不可知的帝，周人的“天人合一”取代殷商的“惟受帝命”，客观地讲是有进步意义的。但是，到了孔子那里，他很少发表有关天的议论，也不提及鬼怪神异。虽然孔子声称“吾从周”，但是，他与周公有着明显的不同。孔子期望重建的社会秩序，不是期盼于“天命”，而是将关注点转向“人心”（即人之为人）。重点是，“天命”是集体或者集体的代表的，而“人心”却是社会上每个人都有的。如此一来，在孔子着力构建的新的社会秩序、文化礼教中，社会上的每个人、每个受到教育的人，都有了清醒的意识，都有了一份责任。大家公认孔子的贡献，主要是其将教育从贵族垄断转向民间。孔子之教，目的在于唤醒“人之为人”（即仁）的意识，在于启蒙。

孔子是传承者，他上承西周初年少数统治者（周公等）对人的自觉；孔子更是开启者，他下启数千年来儒家知识分子的人生自觉。对于过去的文化，孔子是一个学生，他学而不厌；对于未来的文化，孔子是一个先生，他诲人不倦。从孔子身上，我们可以想象，一个真正自我觉醒、想要做一个真正的人的人，自然就有人生责任感；有了人生责任感，人生便会产生无限向上之心；有了人生向上之心，就会有不竭动力，就不会满足于仅仅自己做一个人，还要让其他人也努力做一个人，于是便有悲天悯人的情怀和淑世精神。这其实就是仁的精神，也是中华文化的精神。这是理解《论语》的钥匙。

黑格尔曾经嘲笑《论语》，说它不过是处世格言而已。从表面上看，《论语》的确有点儿像是处世格言，但《论语》中孔子的“处世格言”都是基于一定的思想立场、伦理原则，都是关乎人作为本体存在的价值体认，并非只是个人生存智慧的结晶。因此，将《论语》说成处世格言，是浅薄的、粗鲁的、不负责任的。《论语》是卓越的。

但凡学问，必有其方法。孔子做的学问也是一样。简单地讲，孔子做学问的方法，是归纳与推理并用。孔子认为，归纳与推理必须并用，如果独用一种方法，是非常危险的。《论语·为政》中讲“学而不思则罔，思而不学则殆”。我体会，此处的“学”为方法论上的归纳之义，“思”为方法论上的推理之义。归纳与推理这两种方法，必须并用、结合使用，否则，没有推理的归纳会陷入无穷无尽的知识海洋中不知所措，没有归纳的推理会陷入逻辑游戏之中不知所由。孔子告诉弟子们，单一的推理是没有用处的。“吾尝终日不食，终夜不寝，以思，无益，不如学也。”（《论语·卫灵公》）只是想，没有益处，不如去学，广闻博记。孔子又告诉弟子们：“盖有不知而作之者，我无是也。多闻，择其善者而从之；多见而识之。知之次也。”（《论语·述而》）他反对那种纯粹推理（凭空杜撰）的学风，强调归纳方法（多听、多看）的重要性。

然而，孔子自己又是怎么做的呢？在《论语·卫灵公》中，孔子问子贡，你以为我是因为下功夫勤奋苦读才有这么多见识的吗？子贡回答说，是啊，难道不是这样吗？孔子答道，不是的，我的办法是用“一”来贯穿一切的。孔子的意思是，在他的知识里，也有不学而识的成分在。这就是说，这个“一”就是孔子主张的“仁”。这个信息指引我们，如果把握住了孔子学问中的“一”（即仁），似乎可以窥其全貌。

虽然孔子为学的主张注重实践、反对空谈，但学问毕竟是学问，还是不同于出于个人利害见风使舵的处世格言，总是有其一般的学问规律、逻辑关系在里面。所以，《论语》的体系虽然看似庞杂、零乱，梳理起来，也并非没有头绪。

概括一下，读《论语》，应当把握六个重点。

一是孔子的学说，立足于人性本善的立场之上。只有从人性本善的立场出发，相信人、依靠人，孔子的诸多主张才有逻辑上的可能性。反过来讲，如果立足于人性本恶，孔子的很多主张，很容易被颠覆。

二是孔子的仁，就是人。在《论语》中，抽象的做人标准，或者说理想中的人，抽象的做人要求，就是仁；现实世界中像样的人，就是君子。一个人应当具备的、应当做的，比如忠恕、爱人等，就是仁的内涵。孔子发现了人，并积极弘扬作为主体的人的精神。生命的价值在于人自身这一观念，是从孔子开始的。

三是孔子对客观世界的认知，是从一个人内心的心理情感作为出发点的。孔子擅长以人的心理情感为依据，从而将现实中的礼与人们内在的心理认同结合起来。“人同此心，心同此理”是孔子学说最为重要的凭依。所以，我们才可以从我们的内心找到孔子。

四是孔子的学说是实践导向的。这意味着理论主张要迎合实践场景的要求。即使是同一个名词，比如《论语》中的仁，遇见不同的实践场景时（不同的学生提问），表述会不同。就像水一样，装进不同的容器，呈现出不同的外在形状，人们很容易发现外在的容器不同，很少有人认识到，里面的水还是一样的。这是读《论语》特别需要注意的地方。

五是《论语》不是关于个人生存利害计较、而是关于人自己作为主体存在的价值体认的作品。当然，《论语》中有很多为人处世方法技巧，但是，这些方法技巧都服从服务于一个目的，即学以成人。拿孔子的话说，就是做君子。

六是孔子的思想是由社会到人的。这大概与他坚持的实践导向有关。孔子虽然强调内心体验，但他一切问题的着眼点，还是侧重于从社会整体出发，从而对个人的要求，常常也是要把个人置于社会之下。比如孔子讲，“毋意、毋必、毋固、毋我”(《论语·子罕》)，就是要求个人牺牲个性，以适应社会生活。孔子的志愿是，“老者安之，朋友信之，少者怀之”(《论语·公冶长》)，他时刻不忘自己对社会的责任。中华民族一直发展到现在，中华文化仍主张从社会出发看个人，与西方文化从个人出发看社会，存在着方法路径上的根本差异。

《论语》中有充分的证据，孔子从来没有为了利益放弃原则，孔子的目的，就是教育人们发现自己、学会做人。孔子身体力行，和弟子们相互切磋，他强调体察和默会，重视身教胜于言教，帮助每位弟子自我实现。虽然孔子是一个失败的政治家，但这些失败的经历却反衬出孔子人格力量之强大。孔子从政的失败经历，丝毫没有影响孔子的思想在历史的长河中熠熠生辉：因为后来者都认为孔子是对的，都以孔子的思想为判定是非的标准。对于我们来讲，《论语》建立了一条通向人生目标的平衡和开放之路，这条路为人们认知自我，增进自我理解、自我把握、自我完善，提供了丰富的机会。

孔子是中国历史上私人办学的第一人，他被后人称为“至圣先师”。从这个意义上，我们通过复述《论语》，以期回溯到儒家文化的起源处，回溯到中华文明思想史的起点。哪怕仅仅只是一点点念头，不也能让我们心潮澎湃吗?

到目前，关于孔子的资料，唯一可以相信的，大概只有《论语》了。的确，没有什么比反复诵读《论语》，更能让我们接近孔子的思想。我们不敢奢望，《论语》中的思想，可以用现代的语言原封不动地重新复述一遍。孔子讲述的、我们读到的，以及经我们之口讲述出来的，也许根本无法做到绝对的一致。这也是两千多年来不同的读者对《论语》见仁见智的原因所在。

尽管如此，我还是有一种强烈的愿望，期望能够想尽办法尽可能地复述出孔子在两千五百多年前讲话的原意。当然，隐藏在内心中的孔子，是可以借助的最直接、最有力的指引。《左传》和《诗经》为我们理解《论语》当时的历史背景提供了线索，可以使我们尽可能地避免走上歧路。除此之外，更为重要的是，忠实地回到《论语》文本本身。

《论语》中的语言，仅分为两类。一类是孔子和弟子们的问答，一类是独立的命题。问答也好、语录也罢，必然是以不同的人格认知为交流的背景，展现出来的一种活生生的语言。在对话中，人物性格、当时的境况等，都是记录下来的对话语言的背景。对这些背景的把握，有助于把握文本的意蕴和画外之音。我们通过《论语》可以看到，孔子与学生们的对话，干净利落，非常简洁。在我们今天看来，可能觉得过于简单甚至会有粗糙之感。但是，反过来想，也许我们要庆幸、要感谢《论语》的编纂者，他们没有夹杂个人意图，留给我们的是孔子与学生们当年对话的原汁原味，而且是最为精彩的部分。幸甚至哉！

回到《论语》，认识孔子，使我们心中的孔子形象更加明晰、更加清楚，从而帮助我们活得更加明白一些，安心于仁。这是我写作此书的初衷。

目录

学而篇第一

1.1 子[①]曰："学而时习[②]之，不亦说乎？有朋自远方来，不亦乐乎？人不知而不愠，不亦君子[③]乎？"

【说】孔子说："学过的东西，时常运用到实践中，不是很有乐趣吗？有很多志同道合的朋友大老远地过来聚集在一起研讨学问，不是很让人高兴吗？自己有本领，可是并没有什么人知道，自己也没有什么不愉快，这不是很有涵养的人吗？"

一般而言，我们的体验，学过的知识，一遍遍地复习，很难会有快乐的感觉。所以，孔子说的"学而时习之"，应该不是说

① 子：对男子的尊称。这里是孔子门徒对孔子的尊称。

② 习：《说文》讲"习，鸟数飞也"。习的本意是小鸟学习飞翔。这里指实践。

③ 君子：这里指品行高洁之士。孔子之前，区分君子与小人的界限主要是社会政治地位。孔子打破了统治阶级对君子称谓的垄断，将区分君子的标准，确定为道德标准，而非传统的血缘标准。

学过的知识要时常复习。孔子的意思是，学到了知识，并寻找合适的时机将学过的知识运用到实践中去，验证学过的知识、解决现实问题。

《礼记·学记》讲“独学而无友，则孤陋而寡闻”。这句话点明了同道中人一起学习的重要性。学习，带来了结识并与同道中人友好相处的可能。大家通过学习相识、相聚，相互陪伴、切磋、教学相长，这是多么的快乐和满足！孔子是史上第一个私人办学者，是他将知识从贵族阶层引向民间。孔子的学生是一群追求真理、探求人生价值和意义的人，他们聚集在孔子周围，和孔子相互切磋，这是一个多么令人羡慕、志趣相投的团队！

关于追求学问的目标，或者说是学问精神，在《论语》中，孔子的回答是明确的，学习的目的只是在于认识自己、完善自己、充实自己、提升自己，为了自己人格的长成和生命意义的实现，并不仅仅是为了功名利禄、世态人情。

我们还可以试着进一步理解。孔子的目的是让人学以成人。通过自我学习、反思成长起来的真正的人，自然会对人生产生真正的责任感。有了人生价值认知，人生便会产生无限向上之心，便会拥有悲天悯人的淑世情怀。孔子一生坎坷，周游列国，在政治上无所建树。他知道，他的思想和抱负往往得不到世人的同情和理解，但是世人不知道、不理解、不认同，很正常，没有关系。孔子的使命就是让世人知道、理解、认同。“人不知而不愠”，正是君子所为。

《论语》开篇三句话，“学而时习之”是“有朋自远方来”的前提，“人不知而不愠”又建立在“有朋自远方来”的基础之上。学习是快乐的，大家一起学习更快乐，如果能让更多的人明白道理、快乐起来，这就是孔子毕生的事业啊！这里展现出来层层深入的学习历程，也是个体生命层层上达、扩展之踪迹。

1.2 有子[①]曰："其为人也孝弟，而好犯上者，鲜矣；不好犯上，而好作乱者，未之有也。君子务本，本立而道生。孝弟也者，其为仁之本与！"

【说】有子说："一个孝顺父母、尊敬兄长的人，基本上不会抵触、冒犯、违反上级；一个基本上不会抵触、冒犯、违反上级的人，基本上不会有造反的念头。所以说，孝悌是人伦之本、为人之本，是社会秩序的根本。君子应当在孝悌这一根本上下功夫。如果社会上人人都孝敬父母、尊敬兄长，社会秩序自然就会井然有序。所以说，孝悌是做人的根本啊！"

这是将家庭生活经验往外扩展得到的结论，也是儒家由内及外、由己及人、由私到公、由个人到社会，将个人生活体验层层向外推演至全社会的思维方法的体现。

大概是出于政治稳定对家庭稳定的需要，很早的时期，社会上就形成了以孝为中心的制度和伦理。《左传·文公二年》讲"孝，礼之始也"。《国语·周语》讲"孝，文之本也"。到孔子时，孝的观念从适应宗法政治制度的需要转换为每个年轻人起码的行为要求，孝的观念从维持家庭秩序的需要转换为每个人发自内心的情感流露，孝的行为从善事父母的日常行为转换为人之为人的根本要求，即有子这里讲的"为仁之本"。有子这句话的意思是说，

① 有子：孔子弟子有若。

统治者治理社会要从提倡孝悌开始，这是儒家的基本主张。儒家将孝悌的践行，作为践行人之为人（仁）过程的根本，视为人生德行的重要组成部分。

1.3 子曰："巧言令色，鲜矣仁！"

【说】如何判断一个人是否有仁德呢？一般而言，首先从一个人的语言和表情上识别。但是，孔子说："那些专门讲别人爱听的话、专门表现出讨好表情的人，这样的人中很少有仁者。"

孔子的意思是，仁德出于人的内心，不是外在的言语、表情所能替代的。越是花言巧语、满脸堆笑的人，越是虚情假意、不可信任。这也是经验之谈。

此章重出，又见《阳货篇》第 17 章。

1.4 曾子[①]曰："吾日三省吾身：为人谋而不忠乎？与朋友交而不信乎？传不习乎？"

【说】曾子说："我每天多次反省自己：为别人筹划办事是不是诚心实意、尽心尽力了？与朋友交往是否真诚、讲信用了？接受别人传授的知识和经验，是不是运用到实践之中验证过？"

曾子这句话，是在教导人们，为人之道，关键是诚意。受人之托关键在于"忠"字，与人交往关键在于"信"字，学习知识关键在于"习"字。

---

① 曾子：孔子弟子曾参。

1.5 子曰："道千乘之国[①]，敬事而信，节用而爱人，使民以时。"

【说】孔子说："治理一个中等规模的诸侯国，处事要敬，接人以信，节省用度，爱护官吏，不在农忙季节征发徭役。"

所谓处事要敬，即在处理政事时对人不怠慢、对事不苟且，要抱有敬畏、敬重的态度。恭恭敬敬，战战兢兢，如临深渊，如履薄冰，不能三心二意、敷衍了事。处事敬，退一万步说，即便事情办得不尽如人意，也可得到人们的理解和谅解。

所谓接人以信，是指以信用待人、取信于人，说一不二，言出必行，答应别人的事情一定尽最大努力做到。不可信口开河，失信于人。自己守信，才能让人相信你。

所谓使民以时，是指不能在农忙的季节征发徭役，不能耽误农业生产。意为不可故意扰民，役使百姓要在农闲时间。

能够取得人们的理解和信任，能够严格要求自己、不苛待他人，不去故意扰民，这样的执政者肯定能够受到老百姓的欢迎。

1.6 子曰："弟子入则孝，出则弟，谨而信，泛爱众，而亲仁。行有余力，则以学文。"

【说】孔子说："年轻人在家时孝敬父母，出门在外尊敬兄长。平时尽量少说话（出言谨慎），注重取信于人。有一颗仁慈

① 千乘之国：乘即古代军队四匹马拉的兵车。千乘之国，在孔子时大略为一个中等规模的诸侯国。

博爱之心，亲近有德之人。做到了这些之后，还有余力，就可以学习文献了。”

年轻人先学待人接物、再学习文化，先学规矩、再谋发展。这真是千古不易的个人成长规律啊！

1.7 子夏[①]曰：“贤贤易色[②]；事父母，能竭其力；事君，能致其身；与朋友交，言而有信。虽曰未学，吾必谓之学矣。”

【说】子夏说：“看重人的品德胜于看重容貌，重视人的内在胜于重视人的外表。侍奉父母，能够竭尽全力，这是为人子的本分。为国君做事，能够奋不顾身，这是为人臣的本分。与朋友交往，能够诚实守信，这是为人友的本分。能够尽到上述做人本分的人，虽然他声称自己没有学过（知识和礼仪等），我却认为他与学过的人没有什么差别。”

这句话的意思是，学不是目的，或者说，学识并非是最终的目的，而一种最终的、统一的、甚至是唯一的实践原则，才是最为重要的。这个实践原则是什么？就是仁，在日常生活中践行仁的准则，就是要认真地做一个真正的人。子夏的意思是说，学的目的就是要学着去做一个真正的人，既然已经做到了一个真正的人，就不用再去学了。

---

① 子夏：孔子弟子卜商。

② 贤贤易色：第一个贤表尊重；第二个贤指贤人。易表轻视，色指美色、外表。贤贤易色，意为尊重贤士、轻视美色，可引申为尊重人的内在品德而轻视人的外表。

这句话说明了，孔子之学，就是学做人，学以成人。

1.8 子曰："君子不重，则不威；学则不固。主忠信。无友不如己者。过，则勿惮改。"

【说】虽然孔子终生努力地将君子称谓从身份地位向道德人格转换，但是，在那个时代，君子的称谓，还不是一般人能够适用的。

孔子说："君子如果不端庄稳重，就不能树立起自己的威信；即使读书，也不能巩固学到的知识。要以忠信为做人的准则。不结交那些与自己志趣、志向不相同的人。有错就改。"

主忠信即以忠信为本。竭己之谓忠，如实之谓信，君子要以忠信为做人的准则，做一个笃实不欺的人。不要结交那些与自己志趣、志向不相同的人，也就是不要和与自己价值观不同的人交朋友。

1.9 曾子曰："慎终[①]，追远[②]，民德归厚矣。"

【说】曾子说："只有慎终追远的君子，他所率领的民众才能实现自我德化。"

在中国人的习惯里，代际传承意识、家族自觉、文化心理在很大程度上需要丧礼和祭礼的庄重仪式来激活并传承。通过慎终，与亲人庄重告别，将亲人送进历史；通过追远，与祖先举行

① 慎终：指虔诚地对待父母的死亡。
② 追远：指定期举行祭祀活动追念祖先。

天地之间的对话，将家族历史拉进当下的现实。参与慎终和追远仪式，使人们知道了自己的来处和归宿，将自己与父母、祖先的亲情关系，演变为一种历史感、责任感，以确认自己这一生在家族传承历史中的意义，从而认真地对待当下生活。

所以，倡导慎终追远，百姓自然就会忠厚老实，民风自然就会归于淳朴。

1.10 子禽[①]问于子贡[②]曰："夫子至于是邦也，必闻其政，求之与？抑与之与？"子贡曰："夫子温、良、恭、俭、让以得之。夫子之求之也，其诸异乎人之求之与？"

【说】子禽问子贡："老师每到一个国家，就会了解到这个国家的政治状况。这是他主动从别人那里求来的，还是别人主动告诉他的？"

子贡说："老师是靠温和、善良、恭敬、俭朴、谦让的态度取得的。他老人家得到的方法，和其他人得到的方法，大概不一样吧！"

所谓"温"，指为人性情温和、敦厚。所谓"良"，指为人善良、平易近人、正直。所谓"恭"，指为人态度恭敬、庄重。所谓"俭"，指节俭、俭朴。所谓"让"，指谦虚待人。做到温良恭俭让，这样的谦谦君子，到哪里都能获得别人的信任和尊重。孔

---

① 子禽：孔子弟子陈亢。

② 子贡：孔子弟子端木赐。

子总是温良恭俭让，这对于孔子推广他的教育理念、实现他的政治理想，无疑会有很大帮助。

通过做好自己来取得他人信任和尊重（事实上这也是儒家主张个人修身成功的标志），从而实现与他人的深入交流，借以增进知识、扩大见识、推广理念，这正是孔子做人的高明之处。

1.11 子曰："父在，观其志；父没，观其行；三年无改于父之道，可谓孝矣。"

【说】孔子说："在他父亲生前（因为他无权独立行动），要观察他的志向；在他父亲去世后，要考察他的行为。如果一个人能够在父亲去世后三年不改父亲立下的规矩，就可以称为孝顺的人了。"

孝，指子承其父母，能顺承父母之意。在儒家思想中，孝道非常重要，可以说，孝是儒家思想的根本，与儒家"推己及人"的思想方法相关联。在儒家看来，从家庭道德规范逐渐扩展到国家与社会，进而演变成一种社会道德准则的孝，是个人立身之本，也是社会道德之本。

1.12 有子曰："礼之用，和为贵。先王之道，斯为美。小大由之，有所不行。知和而和，不以礼节之，亦不可行也。"

【说】和，指恰到好处、令人满意的一种稳定状态。礼，是社会规范、人们应当遵守的社会规则。

有子说："人们在社会活动中遵守社会规范的目的是使自己

处于一种恰到好处、相对满意的生存和生活状态。过去先王治理国家，就是遵循的这一原则。如果不论大事小情都机械地遵循礼的约束，礼有时也会行不通（不被遵循）；如果只顾和的要求而不顾及礼的规范，也达不到和的目的。”

用现代的话来讲，有子这段话的意思是，和是目的，礼是手段，遵守礼的规范是为了达到和的目的。如果不分事情大小都严格地用礼来约束，有时会适得其反。比如，兄弟之间在私下场合如果还要严格遵循朝廷上的礼仪要求，显然是不合适的、会影响兄弟感情，这种场合下严格遵循礼节达不到和的目的。同时，在公开场合，如果只讲兄弟感情而不顾及礼节，场面则可能会混乱到伤害兄弟感情的程度，从而只是为了和而在事实上达不到和。刘邦取胜后，不得已利用儒生叔孙通制定汉代朝仪，就是一个例子。

一般而言，私下场合，恰到好处、令人满意的状态主要靠个人感情来维系；公开场合，恰到好处、令人满意的状态主要用社会规则（礼）来维系。感情主导私人关系，礼节维护公开场合的秩序。

和，是人们普遍的要求。但是礼，是有边界的。一般而言，感情随时随地都有体验，但是，该让礼发挥主导作用的场合，丝毫也不能含糊。

1.13 有子曰：“信近于义，言可复也。恭近于礼，远耻辱也。因不失其亲，亦可宗也。”

【说】有子说：“所守承诺要符合义，这样说的话才能兑现。行为举止恭敬得体符合礼，这样才能远离耻辱。所依靠的是自己的亲族，这样才能靠得住。”

1.14 子曰："君子食无求饱，居无求安，敏于事而慎于言，就有道而正焉，可谓好学也已。"

【说】孔子说："君子不过分讲求物质待遇，吃饭不求吃饱，居住不求舒适，多做事少说话，主动靠近有知识、有德行的人，以求增进知识、改进行为。做到这些，就可以说是好学上进了。"

嗜欲深者天机浅。一个深陷物质欲望之海的人，一定会错过生命的精彩华章。所以，一个人衣食略有保障之后，就要把主要精力投放到充实生命的精神追求上来。多做事，可以增加在实践中磨炼自己的机会；少说话，可以留下时间多做观察和思考。尊敬师长是进学的捷径，向师长学习从而提升自己。

1.15 子贡曰："贫而无谄，富而无骄，何如？"子曰："可也。未若贫而乐，富而好礼者也。"

子贡曰："《诗》[1]云：'如切如磋，如琢如磨'[2]，其斯之谓与？"子曰："赐也，始可与言《诗》已矣，告诸往而知来者。"

【说】子贡提问："贫穷时不谄媚别人，富贵时不傲慢待人，

---

①《诗》：《论语》中的《诗》，指《诗经》。主要包括"风"、"雅"（大雅和小雅）、"颂"三部分。

② 如切如磋，如琢如磨：出自《诗经·卫风·淇奥》。切，把骨头切割；磋，把象牙糙锉；琢，雕刻玉石；磨，磨光石头。在原诗中这两句话的意思是，形容一个青年男子像切磋琢磨过的象牙、玉石那样文采照人。但在这里用以比喻学习和研究问题时相互之间的讨论、争论、辨析等。

怎么样？”

孔子说：“这样当然可以。但是，还不如在钻研学问时就是贫穷也感到快乐，就是富贵了仍然讲究礼节。”孔子的言下之意是，虽然贫穷却不谄媚、富贵也不骄傲，已是较好的做法，但是这种用心说到底，还是拘泥在贫富之中。一个真正的学者，应当超越贫富观念，唯乐于道、唯好于礼。

如果不能超越贫富的观念，过分执着于贫富、过分关心贫富，不知不觉中就会以贫富为标准，将自己与他人衡量，将贫富作为人生价值的取舍，结果便会产生骄傲和自卑心理。所以，儒家倡导将贫富委之命运，自己专心乐道、好礼，虚心处世。

子贡说：“《诗经》上讲，‘如切如磋，如琢如磨’。说的就是这个意思吧？老师对我们的教育，就像琢玉磨石一样，使我们知道学问没有止境，让我们的认知一步步地加深。”子贡领悟到孔子的良苦用心，意在引导他们安贫乐道、富而好礼。

孔子说：“端木赐，你有资格谈论《诗经》了！因为你能闻一知二，举一反三。”

1.16 子曰：“不患人之不己知，患不知人也。”

【说】孔子说：“不要担心别人不了解自己，要担心自己不了解别人。”

这句话是至理名言，强调学者的用心所在，以知人为要。但是，这句话也可以有多种理解，见仁见智。比如，不必花费心思让他人了解自己，只是自己一门心思探求知识，因为学问的目的只在自己身上；又如，走自己的路，为自己所当为，做自己所当做，一门心思自我修行。再如，电影《教父》中的名言："让朋友低估你的优点，让敌人高估你的缺点。"在这个意义上，你了解别人而别人却不了解你，与别人打交道时，主动权不是掌握在你的手里吗？

无论如何理解，首先想到是否了解别人，而不是首先想到让别人了解自己，正是智者所为。

为政篇第二

2.1 子曰："为政以德，譬如北辰居其所而众星共之。"

【说】孔子说："依靠道德来治理国家，统治者就像北极星那样在一定的位置上，其他星辰（臣民）都围绕着它，以它为中心。"

从儒家的政治理想来看，以德治国对统治者个人的才能品性要求很高。只有能干，个人的德行才能顺着人之为人之道得到有效发挥；如果不能干，最好管住自己、不肆意妄为。

所谓德，在孔子的时代，多以有恩惠于他人的行为为德。一般而言，做一两件好事，不是德。只有将做好事变成习惯性行为并能心安于此者，才是有德之士。所以，德是一个人内外如一的规范性行为。为政以德，就是要求国君以自己内外一致的规范性行为来从事政治活动。

孔子的德治思想，是出于对人性的信赖，对人自身的基本信心。孔子讲的德治，与老子等讲的无为而治，事实上是一回事。

所谓无为，不是什么都不干，而是统治者不以自己的私意来治理老百姓、不以强制的手段治理老百姓。根据《论语》中的看法，统治者与被统治者之间的矛盾和冲突，要从统治者本身求得解决，所有政治问题的根源都在统治者，而不在老百姓。所以，在德治的视域下，统治者最高的德，是以老百姓的好恶为好恶。对老百姓抱以信任，是对德治最大的考验。

传统政治观念提倡无为，是为了防止统治者以自己的好恶为标准来统治老百姓，而不是号召统治者闲着不干事。统治者无为，是为了让老百姓能够根据自己的意愿去做事，避免统治者将私念夹杂在里面。儒家主张的德治、无为并非是不去管老百姓的事，而是辅助、帮助、启发老百姓做自己的事。当然，这只是儒家的政治理想。

2.2 子曰："《诗》三百，一言以蔽之，曰：思无邪[①]。"

【说】孔子说："《诗经》三百篇，用一句话来概括就是，都是作者真情实感的流露啊！"

亚里士多德讲，诗歌比历史记载更接近于真实。柏拉图也说，诗歌比历史更接近于事实真相。因为诗歌是从当时的现实生活中提炼出来的，是当时民众的较为普遍的情绪，或者说是当时的社会风尚；而历史的记载，只能是当时个别的、或许是经过修

① 思无邪：一般认为是思想纯正。笔者认为，无邪，即是诚。没有诚意，不是真情实感，一个人写出来的作品就不可能打动人，也不太可能流传下来。

饰的事实。诗歌能够传诵，是因为它描述的是当时人们生活情理中的必然性；历史资料需要精心保存，因为它记载的只是当时事件的偶然性。从某种程度上也许可以说诗歌比历史记载更贴近史实。

孔子评论《诗经》的这句话，值得我们再三品味。今天看来，文学艺术作品的价值高低，很大程度上取决于它表现、反映的人性是否真实，进而能否帮助人、影响人、体现出生命力量之伟大和人类心灵之丰富。

其实，读书学习也是一样，不付出真情实感，不去大胆地敞开心扉，真诚地讨论交流，想要学有所得，也是妄想。

2.3 子曰:“道之以政，齐之以刑，民免而无耻；道之以德，齐之以礼，有耻且格。”

【说】孔子说:“统治者如果用政令来引导民众行为，用刑罚来规范民众的行为，老百姓只会想方设法避免处罚、避免犯罪而没有耻辱之心（不认为违规、犯罪是可耻的）。如果用伦理道德来引导、规劝民众，用行为的规范性要求（礼）来整顿、规范民众，民众会认为违规、犯罪是可耻的，老百姓会从内心认可统治者的要求而诚心归服，自觉地往好的方向走。”

孔子认为，统治者以刑罚为手段治理社会，老百姓会口服心不服；统治者以德治国，能够得到老百姓的口服心服。孔子希望通过“道之以德，齐之以礼”来调和社会的秩序和个人的自由，鼓舞积极向善的精神，即“有耻且格”。这是孔子“以德治国”的政治理想。

2.4 子曰："吾十有五而志于学，三十而立，四十而不惑，五十而知天命，六十而耳顺，七十而从心所欲，不逾矩。"

【说】孔子说："我在十五岁的时候就立下了要好好学习各种知识和本领的意愿。到三十岁的时候仿佛对任何事情都有了自己的主意。到四十岁的时候心里已经亮堂堂的，什么话都迷惑不住我了。到五十岁的时候知道了自己这一生的使命和责任。到六十岁的时候耳朵听到任何话，都能冷静分析。到七十岁的时候，可以做到从心所欲、无拘无束，一举一动都不会离谱。"

孔子十五岁时立志于学。学什么？大概有四种说法。一是正心养性，二是六艺，三是学周公、读古代文献，四是有志于为后世制法。当然，这些说法都是后世的推演。至于孔子自己十五岁的时候学的是什么，我们就不得而知了。到三十岁时，其人格已经坚固刚健地树立起来了。有人说，三十而立是立于礼，事实上，自立与立于礼是两个层面的问题。孔子显然是在强调他三十岁时已经自立了，至于立于什么，礼应当是其中之一。四十不惑，朱熹关于"不惑"的解释很恰当，即"明足以烛理，故不惑"。孔子四十岁时已经成为一个智者，智者不惑，好恶皆得其正。五十而知天命，应是知道此生当行之道，知道上天赋予此生的使命和担当。六十耳顺，就是对他人所讲的是非善恶，全都能听得进去，同时内心历历分明。这是一种境界。七十而从心所欲、不逾矩，更是一种境界。

在中华传统文化的熏陶下成长起来的人，骨子里的伦理道德、价值标准，脱不掉儒家的底色。孔子的这一自传性的描述，已经成为一种人生历程的标准，后人广有共鸣。虽然这是孔子自己的标准，它也是后来人有意无意参照的人生坐标。我想，人之为人的生命历程，孔子这段话交代清楚了。

2.5 孟懿子[①]问孝。子曰："无违。"樊迟[②]御，子告之曰："孟孙问孝于我，我对曰'无违'。"樊迟曰："何谓也？"子曰："生，事之以礼；死，葬之以礼，祭之以礼。"

【说】孟懿子问什么是孝。孔子说："孝就是不要违背父亲的意愿。"

这里有个背景知识，《左传·昭公七年》讲，孟懿子的父亲孟僖子将死，遗嘱要求孟懿子向孔子学礼。孔子趁孟懿子问孝之机，向他讲，孝就是不要违背父亲的意愿，意思就是提醒孟懿子学礼、守礼。

不久，樊迟为孔子驾车。孔子告诉他说："孟孙问我什么是孝道，我回答他说不要违背父亲的意愿。"樊迟问："这是什么意思呢？"孔子说："父母活着的时候，要依礼侍奉他们；父母去世后，依礼安葬他们，依礼祭祀他们。"孔子的意思，要求孟懿子依礼侍奉父母。依礼的前提是什么？当然是要知礼、学礼。

为什么孔子会向樊迟讲这个？因为樊迟与孟懿子交好，经常来往，孔子担心孟懿子没有领会自己的意思，想假借樊迟之口，让他有机会再次提醒孟懿子。

---

① 孟懿子：鲁国大夫，孟僖子之子。
② 樊迟：孔子的弟子。

2.6 孟武伯[①]问孝。子曰:“父母唯其疾之忧。”

【说】孟武伯问什么是孝。孔子说:“父母只是为儿女的疾病担忧。”意思是说，孝就是不要让父母为自己担心。

据《左传》记载，孟武伯生性鲁莽、好勇，有很多缺点。孔子针对孟武伯的特点，指引他行孝道的关键是，不要因为自己的行为让父母担心。他趁孟武伯向他请教孝道的机会，奉劝孟武伯纠正自己的缺点、规范自己的行为，不让父母为自己担心。

2.7 子游[②]问孝。子曰:“今之孝者，是谓能养。至于犬马，皆能有养;不敬，何以别乎?”

【说】子游问什么是孝。孔子说:“现在很多人认为尽孝道，就是赡养父母。其实狗和马，也是靠人养活的。如果对父母没有敬意，那么赡养父母与饲养狗和马又有什么区别呢?”

孔子的意思是，孝，是要发自内心地尊敬父母。敬意是发自内心的，尽孝首先是尊敬父母、敬爱父母。没有发自内心的敬意，就谈不上对父母的孝。

2.8 子夏问孝。子曰:“色难。有事，弟子服其劳;有酒食，先生馔，曾是以为孝乎?”

---

① 孟武伯：孟懿子的儿子。

② 子游：孔子的弟子言偃。

【说】子夏问什么是孝。孔子说："孝敬父母不难，难的是在父母面前保持和颜悦色。有事情，子女要主动先去为父母做好。有酒有肴，子女要先请父母长辈享用。难道这样就算是尽到孝道了吗？"意思是说，为父母操劳、供养父母，虽是尽孝，但孔子更加强调要在父母面前做到和颜悦色，不能给父母脸色看。孔子强调在任何情况下都不要给父母脸色看，才称得上孝。只有心甘情愿、心存恭敬，才会和颜悦色。

孔子对孝的回答却因人而异。充分体现了孔子教学的实践导向和因材施教的教学方法。孝，首先是不违背父母的意愿，其次是不让父母担心，再次是对父母发自内心地尊敬、敬爱，最后是和颜悦色面对父母、让父母舒心。四层内涵，层层递进，简单勾画出孝道的多层次丰富内涵。后学者可以对号入座，知道自己尽孝道，哪里没有做到，就从哪里入手。

概括而言，孝道有三个层级，一是能够养身，让父母无衣食之忧。二是能够养情，让父母高高兴兴，心情愉悦。三是能够养志，让父母得遂心愿，老有所为。能够做到哪个层次，尽最大努力就好。为什么孔子这么重视孝？关爱幼子是所有动物的本能，只有孝道仅属于人类。孔子要教导人们如何做人，自然要从人与动物这一重大差别上下手。我体会，孝，直接赋予我们的生活体验以价值，尤其是在我们缅怀父母、照料子孙时，在一代又一代继起的家庭叙事里。

2.9 子曰："吾与回[①]言终日，不违，如愚。退而

① 回：即颜回，名渊，孔子弟子。

省其私，亦足以发，回也不愚。”

【说】颜回是在学问操守上最像孔子的学生，也是孔子最为器重的学生，《论语》中多次提到颜回。孔子说：“我给颜回讲课，讲了一整天，他从来就没有提出疑问和不同意见，看似没有反应，像个愚钝的人。等他退下，我观察他私下里同别人讨论时，却能对我讲授过的有所发挥。颜回不笨啊。”

这说明颜回平时虚心到像个傻子一样。这是极为聪明的人才能够达到的境界。

2.10 子曰：“视其所以，观其所由，察其所安，人焉廋[1]哉？人焉廋哉？”

【说】视、观、察，虽说都是看的意思，但在认真程度上有递进关系。视，就是看，平平常常地看就是视。观，比视更细致、更详细、更广泛、更深入。而察，比观更进一步，是深刻周详地看，有明察秋毫的意思。

孔子特别重视人的居心和动机。孔子说：“观察一个人的行为，一要看他为什么这样做；二要看他用的是什么样的方法、手段；三要看他做完以后，是什么样的反应。这样谁能隐藏得了呢？谁能隐藏得了呢？”

这是孔子非常重要的学说。第一步，比较容易做到。第二步，就要下功夫分析、辨别。第三步，一般人察觉不到，只有识

① 廋（sōu）：隐藏。

人功力深厚的人，才能不经意地从他人神色的细微变化看出他的内心。遗憾的是，后世儒家，只是拾起了孔子看人“三步曲”中的第一步，而丢弃了第二步和第三步，导致后来的儒家走向僵化、偏激。因为如果只看第一步，虽然可以简单看到，但被看的人也容易做假骗人。只有全面地看他这样做的理由、方法与手段、结果，三者并用，才能真正看清楚一个人。

2.11 子曰:“温故而知新，可以为师矣。”

【说】孔子说:“时常翻阅、检视已经读过的书、学过的知识等，往往能够获得新的心得体会、新的认知。这样的人，就有资格当老师了。”

一个人能够从过去的个人经历、学过的历史故事、典籍中洞幽烛微，发现新知，那么，他就达到了一个老师的水平。巩固学过的知识，时常温习就能够熟练，熟练以后就会有新的创造，有了新的创造就会有新的快乐。这也是学习的规律。

2.12 子曰:“君子不器[1]。”

【说】孔子说:“君子不能像器具一样。”孔子的意思是君子不能让自己仅仅成为一种工具（以供使用），人生还应当成就一种价值。

---

① 器:《周易·系辞上》讲，“是故形而上者谓之道，形而下者谓之器”。这里所谓形，指的是人的身体。处于人之下，为人所使用的（工具），叫作器。

人生在世，都要生活，所以，人作为一种工具的合理性在于养活自身的需要。但是，人生仅仅停留在这个层次是不够的。不脱离日常生活，又要超越日常生活，需要有一个价值的合理性来赋予生活以意义。我们不仅应该知道如何生活，而且还应该追求更加美好的生活。个人精神生活上的自由，应该是孔子讲“君子不器”的真义所在，也是人的自觉、人的本体意识觉醒的体现。

2.13 子贡问君子。子曰：“先行其言而后从之。”

【说】子贡问怎样做一个君子。孔子说：“君子应该先做后说，能够做到了再说。”

子贡在孔子门下，以言语著称，口才很好。孔子针对子贡这一特点，提醒他说话的时候注意自己能够做到了再说出来，行在言先，避免讲出空话，从而使自己的话失去应有的效力。

2.14 子曰：“君子周而不比，小人比而不周。”

【说】以义合者，周也；以利合者，比也。君子以道义为纽带将人们团结在一起；小人凭借暂时的利益、利害关系与他人相互勾结在一起。孔子说：“君子团结大家而不结党营私，小人结党营私而不能与大家和谐相处。”

以义相合，君子坦荡荡；以利相结，小人长戚戚。这大概是孔子做人的品格理想吧。

2.15 子曰：“学而不思则罔，思而不学则殆。”

【说】孔子说："只是学习而不思考就会迷惘，只是思考而不去学习则是危险的（容易误入歧途）。"

学，在方法论意义上是归纳方法，今天学一点儿，明天学一点儿，知识逐渐积累起来。思，在方法论意义上是演绎、推理，是一种逻辑思维训练。孔子的意思是，没有推理的归纳，会使我们陷入无穷无尽的知识海洋中不知所措；而推理离开了归纳（经验）验证，则会使我们沉湎在逻辑游戏中不知所由。做学问必须归纳、推理这两种方法并用、结合使用。康德也讲过类似的话，即"感性无知性则盲，知性无感性则空。"康德说："知性不能直观，感官不能思考。只有将二者联合起来才能产生知识。"可见，做学问的方法，古今中外，都是一个道理。

2.16 子曰："攻乎异端，斯害也已！"

【说】这句话歧义较多。应当结合当时的历史场景忠实地还原孔子讲话时的本义。当时孔子的思想，刚刚新鲜出炉，还没有产生后人普遍认为的针对儒家的异端思想。

孔子说："（做学问做事情）攻其一端、偏执一端，这是有害的。"要容忍不同的事情、不同的意见、不同的偏好等存在，否则攻击这些不同，是有害的。

2.17 子曰："由[①]，诲女知之乎！知之为知之，不知为不知，是知也。"

① 由：孔子弟子子路。

【说】孔子说："子路啊，告诉你对待知的态度吧！知道就是知道，不知道就是不知道。这才是正确的态度。"

这是孔子针对子路的性格特点，劝告子路遇事不要逞强、做事不要超出自己的能力。对我们来讲，也不失为一种提醒。为学的态度是，虚心才能接纳，才能使知识长进。

2.18 子张[①]学干禄。子曰："多闻阙疑，慎言其余，则寡尤；多见阙殆，慎行其余，则寡悔。言寡尤，行寡悔，禄在其中矣。"

【说】子张向孔子请教获取俸禄的方法。孔子说："多听，对于那些自己没有听过的或者存在疑问的内容，先放到一边，然后谨慎地说出自己听过且没有疑问的内容，少说话就会少犯错。多看，对于那些自己没有见过或者存在疑问的内容，先放到一边，谨慎地做自己见过且没有疑问的内容，做事就会少后悔。说话少犯错，做事少后悔，做官的秘诀，就在这里面了。"孔子的意思是，让性情偏激、性格过于张扬的子张，注意提升自己的内在修养，多听少说、多看少做，不要冒冒失失，这样才可以保住禄位。

2.19 哀公[②]问曰："何为则民服？"孔子对曰："举直错诸枉，则民服；举枉错诸直，则民不服。"

---

① 子张：孔子的学生颛孙师。

② 哀公：鲁国君主。

【说】鲁哀公问："用什么方法可以让老百姓服从呢？"孔子回答说："提拔那些正直的人，放在那些不正直的人之上，老百姓就会服从。提拔那些不正直的人，放在那些正直的人之上，老百姓就不会服从。"

为什么？因为正直的人会直接按命令行事，不会夹带私意，不会欺负老百姓，不会剥夺老百姓的利益，所以老百姓在正直的人统治下，心平气和。反之，不正直的人，欺上瞒下，最终天怒人怨。

进一步讲，国君最重要的是用人。用人得当，便是国君之德；用人不当，就是国君失德。而国君用人的当与不当，直接与国君自己本身的修为相关联。

2.20 季康子[①]问："使民敬、忠以劝，如之何？"子曰："临之以庄，则敬；孝慈，则忠；举善而教不能，则劝。"

【说】季康子问道："怎样使老百姓对我恭敬、忠诚且勤勉任事？"孔子说："你庄重自持，认真地面对老百姓，老百姓自然会尊敬你；你孝顺父母、慈爱民众，老百姓自然会向你效忠；你提拔那些正直善良努力向上的人，教育那些能力素质相对欠缺的人，老百姓自然会勤勉任事。"

理解起来很简单，一是统治者率先垂范，想让别人做到的自己首先做到；二是建立一个正向的激励机制，简单地讲就是做好事必有好报，做坏事必有惩罚，民众自然会努力做好事、避免做

---

① 季康子：春秋时鲁国正卿。

坏事，社会自然就会越来越好。

简单地讲，孔子的想法是，解决问题的办法，不是统治者要求老百姓去怎么做，而是统治者自身要去怎样做。这是孔子德治思想的反映。

2.21 或谓孔子曰："子奚不为政？"子曰："《书》[1]云：'孝乎惟孝，友于兄弟，施于有政。'是亦为政，奚其为为政？"

【说】孔子从卫国返回鲁国的时候，有人问孔子："你为什么不从政？"孔子回答说："《尚书》讲，孝顺父母，友爱兄弟，把孝悌的风气影响到政治上，就是从政啊。难道一定要到政府里面去做事才算是从政吗？"

孔子是一个在实践中失败的政治家，也许是他的政治主张超越了现实。孔子的伟大之处，就在于其思想的超越性和普适性。孔子认为，政治始于家庭，与人的生活方式不可分割。人要尽到做人的责任，应当从家庭开始。将家庭生活中的孝敬和友爱推广开来，使社会上更多的人有修养、有德行、遵守孝悌之道，从而改良社会民心、易风易俗，这不是更远大、更深远的政治吗？

也许就是基于这一认识，孔子终生致力于文化教育和知识传播，凡是涉及人的觉悟和人类繁荣的方方面面，都是孔子在教学中特别看重的。孔子这句话还提醒我们，以自己的家庭来建立生活的基点，满足生活的需要。

---

①《书》：指《尚书》。

2.22 子曰："人而无信，不知其可也。大车无輗，小车无軏，[1] 其何以行之哉？"

【说】孔子说："一个人不守信用，不知道他还能做些什么，一个不守信用的人将会在社会上寸步难行。就像大车没有輗，小车没有軏，它还怎么走呢？"

社会得以维系，从人们讲信用，也就是说话算数开始。如果人人都说一套、做一套，社会交往的范围将会极度缩小，合作以及由此带来的社会福利水平将消失殆尽。所以，任何一个社会，都会惩罚失信者，都不会容忍失信者的存在，都会让失信者在社会上没有立足之地。

2.23 子张问："十世可知也？"子曰："殷因于夏礼，所损益，可知也；周因于殷礼，所损益，可知也。其或继周者，虽百世，可知也。"

【说】子张问孔子："今后十代（的礼制）可以知道吗？"孔子回答道："殷代的礼制是承继夏代的礼制而来，不过有些增减。商代的礼制是承继殷代的礼制而来，不过有些增减。由此可知，就是百代以后的事情，也是可以知道的。"

礼不是一成不变的，礼是历史的产物。孔子认为，社会历史的发展是有其规律性的，是可以预见的。人类代代相传，下一

---

① 輗（ní），大车车辕前横木上的木销子。軏（yuè），小车车辕前横木上的木销子。如果没有这个构件，马的力量无法传导到车上，无法拉起车。

代对上一代的制度和习俗，必有所因袭，因为人类生活是连续不断的，社会发展也是连续不断的。然而，上一代的一些制度和习俗，因时代变化不再适应下一代的社会需要时，下一代就会将这些不再适宜的制度和习俗去掉。因时代需要，过去没有的但是现在需要的，则会将其加入到原来的制度和习俗中去，组成新的制度和习俗。制度和习俗的传承创新，不仅夏商周三代如此，周以后上百代也会是如此。

孔子当时有这样的认识，是非常了不起的。这体现了他对文明、人和人类的一种信心、理解和信任，体现了一种理论自觉。孔子认识到，人性是亘古不变的，建立在人性基础之上的人类社会，是可以相信和凭依的。

2.24 子曰："非其鬼[①]而祭之，谄也。见义不为，无勇也。"

【说】孔子说："不是自己的祖先而去祭祀，就是谄媚。看到应该做的事情而不去做，就是怯懦。"不该做的去做、该做的却不去做，会被别人瞧不起，不是君子所为。孔子的意思是，做应当做的，不做不应当做的。

① 鬼：当时指已经去世的祖先。

八佾篇第三

3.1 孔子谓季氏，“八佾[①]舞于庭，是可忍也，孰不可忍也？”

【说】孔子谈到季氏时说：“季氏公然用天子才能使用的八佾在庭院中奏乐起舞，假如对这种公然违背礼制的行为都能容忍，还有什么不可以容忍的呢？”言下之意是对季氏这种违礼的行为决不能容忍。

季氏为什么会“八佾舞于庭”？是他利欲熏心、野心膨胀，公然违背祖先礼制吗？不是的。周礼的核心，是用以严格规范贵族阶层内部君君臣臣政治伦理关系的。周礼拟定的等级规则分明，任何人不能僭越，否则就是犯上作乱，人人得而诛之。周礼规定，只有天子（即周王）在祭祀祖先和上天时使用八佾礼乐。但也有

① 佾：是指排列成行、纵横人数相等的舞乐队伍。八佾即八行八列六十四人，六佾即六行六列三十六人，四佾是四行四列一十六人。周礼对宫廷舞乐有严格规定，天子八佾，诸侯六佾，卿大夫四佾。

例外。一是夏和商的后裔杞国和宋国的诸侯在祭祀时可以用八佾，因为他们祭祀的是大禹和殷契，周朝这样做是“兴灭国，继绝世”，为了统一战线的需要。二是周成王特许鲁国诸侯世世代代可以用八佾规格，祭祀他们的先祖周公（《礼记·明堂位》），因为周公旦对西周的卓著贡献和周公旦在人们心中的崇高地位。

季氏“八佾舞于庭”，应该发生在鲁昭公外逃，由季氏代理国君时期。当时，季氏以鲁侯自居，沿袭鲁国旧俗，祭祀周公时，以八佾舞于庭。用我们现在的眼光来看，也不是没有缘由，并不能讲特别出格。出于对祖先周公的尊敬，季氏在代理国君时必须沿袭鲁侯旧习，继续以八佾规格奉礼。鲁昭公客死齐国之后，季氏操纵鲁定公继位，季氏回归臣位，自然就不会再有季氏“八佾舞于庭”现象了。

但是，孔子很不赞成季氏“八佾舞于庭”，批评季氏僭越礼制、目无礼法。我个人认为这是孔子苛刻、不知变通。日子总要过下去，社会总是要运转，没法停下来。试想，就是孔子处于当时季氏的位置上，他也没有选择。作为后世子孙，在祭祀的当口，代理鲁国国君时，怎么面对先祖周公旦？

《八佾篇》的主旨是讲礼，主要是批评鲁侯和季氏无礼。如果不了解上述的背景知识，就无法理解，为什么一方面孔子口头使劲批评季氏，另一方面孔子和他的弟子事实上却在竭力地帮助季氏治国理政。

《八佾篇》主要涉及礼的问题，这里有必要再延伸解释一下礼。

《左传·隐公十一年》载：“礼，经国家，定社稷，序民人，利后嗣者也。”这是讲礼的作用。一般来说，礼是当时社会上权力机构或者当权者制定的、所有应当遵循的人必须共同遵守的一种行为准则和规范。

3.2 三家[①]者以《雍》彻。子曰："'相维辟公，天子穆穆'[②]，奚取于三家之堂？"

【说】三家在祭祖的时候，命乐工唱着《雍》这篇诗歌来撤下祭品。孔子对此表示不满，说："天子礼乐，怎么能够被三家世卿大夫用在庙堂里呢？"

3.3 子曰："人而不仁，如礼何？人而不仁，如乐何？"

【说】孔子说："一个没有仁心的人，礼乐对他有什么用呢？"

所谓仁，就是人，仁心就是人心。人而不仁，就是一个人徒具人的外表，而没有人的内心。俗话讲，这个人就不是人，什么也感化不了他。由这样的人来行礼、演乐，只能是徒具形式而已。

西周礼乐制主要是配合宗法制，用来规范贵族身份地位的。行礼是行为的规范性要求，是秩序和仪则，而演乐是一种待遇、

① 三家：指当时在鲁国掌权的孟孙氏、叔孙氏、季孙氏三家。带头的是代理国君的季氏，即季平子。

② 相维辟公，天子穆穆：出自《诗经·周颂·雍》。此诗是周天子祭祀宗庙后，撤掉祭品时所唱的乐曲。此两句意为给天子助祭的都是诸侯，主祭的天子庄严肃穆。

一种阶层地位的标识，也被有的人看作是德行的彰显。一般来讲，行礼和演乐，可以收敛欲望、教化人心、修身养性，作为人格修养向上的一种功夫，有助于君子人格的养成。但是，在孔子看来，礼乐都是表（末），仁才是里（本）。如果一个人没有仁心，礼乐对他来讲，就是无源之水、无本之木，不会起到什么作用。

3.4 林放[①]问礼之本。子曰："大哉问！礼，与其奢也，宁俭；丧，与其易也，宁戚。"

【说】鲁国学者林放问孔子礼仪制度的根本是什么。孔子回答说："这个问题意义重大！就礼仪场面来说，与其铺张浪费，宁可俭约务实；就办理丧礼来讲，与其仪式周到，宁愿内心真正地哀恸悲伤。"孔子这句话的意思是，礼的根本不在于其外在的表现，而在于行礼的人的内心。礼贵在实际意义而不是形式。礼仪一定要发自人的真心，本着内心的真情实感，否则全是形式。

春秋时代，贵族把礼的文饰这一方面，发挥得太过，很多情况下礼徒有形式而没有内容，所以林放有此问，孔子有此答。

3.5 子曰："夷狄[②]之有君，不如诸夏[③]之亡也。"

【说】孔子说："夷狄之邦尚且能保持君臣上下之礼，不像中原地区（竞相僭越、篡夺）没有君臣之道。"孔子这话，明显是

① 林放：鲁人，一生致力于礼学研究、知礼懂礼。
② 夷狄：少数民族地区。
③ 诸夏：周王分封诸侯时的中原诸侯国。

在讽刺、指责诸夏"君不君、臣不臣"的时局中人。孔子的意思是，堂堂诸夏，礼崩乐坏，真是连夷狄之国都不如啊！

事实上，生产力发展，利益格局松动变化，社会上新旧势力交替，是必然现象。所谓礼，也就是当下讲的法律法规文化习俗等，不会是一成不变的。如果站在当时看，诸侯公卿大夫不遵守现有礼制，的确有问题。如果将时间拉长，应当看到社会变化的客观必然性。所以，孔子因不知世事时局发展变化而固守旧礼，也有其不合时宜的一面。

3.6 季氏旅[①]于泰山。子谓冉有[②]曰："女弗能救与？"对曰："不能。"子曰："呜呼！曾谓泰山不如林放乎？"

【说】泰山依礼只能由天子祭祀。季氏僭越，准备去祭祀泰山。孔子问在季氏手下做官的学生冉有："你能不能阻止这件事？"冉有回答说不能。于是孔子大发感慨："难道泰山（山神）还不如林放知礼吗（竟然接受季氏僭礼祭祀）？"但是，泰山怎么会知道？孔子不过借泰山，说季氏不知礼而已。

3.7 子曰："君子无所争。必也射乎！揖让而升，下而饮。其争也君子。"

---

① 旅：祭祀山川。

② 冉有：孔子弟子冉求，字子有。

【说】孔子说："君子没有什么可以与人争的。如果有的话，那一定是射箭比赛了。比赛开始的时候，大家相互作揖行礼，上场比试，比赛结束后，再相互作揖退下，然后坐下来喝酒。这就是君子之争。"

孔子用六艺之一的射箭比赛来比喻君子之争。射箭比赛是大家各居一方，各自朝向各自的箭靶射箭，中与不中，只是自己所为，与他人不相干。中与不中，取决于自己，即便输了也不应该归咎于取胜的人。所以，如果比赛失败，君子应当以此为契机，反思自己的不足。

君子之争，体现出的君子修养，应当是在竞争的环境中，反身自问，进德修业，从而无忧无惧，坦然自得。

3.8 子夏问曰："'巧笑倩兮，美目盼兮，素以为绚兮。'[①] 何谓也？"子曰："绘事后素。"曰："礼后乎？"子曰："起予者商也，始可与言《诗》已矣。"

【说】有次子夏问道："有一首诗歌说，'笑起来有两个酒窝啊，动人的双眼黑白分明、顾盼生辉，素净的底子上画出鲜艳的画来。'这是什么意思？"孔子说："先有好的底子，才能有好的装饰。"子夏接着说："那么，应该是先有仁心（做人的真情实感），然后才可以讲礼节吧！"孔子叫着子夏的名字高兴地说："商啊，你启发了我，现在可以与你谈《诗经》了。"

---

① "巧笑倩兮，美目盼兮"，出自《诗经·卫风·硕人》。第三句可能是逸句。

孔子一贯鼓励弟子们在学习中举一反三。

3.9 子曰："夏礼吾能言之，杞不足征也；殷礼吾能言之，宋不足征也。文献[①]不足故也，足则吾能征之矣。"

【说】孔子说："夏代的礼制，我是能讲一讲的，但是它的后代杞国（夏朝后人所守之国）保存下来的历史文献和贤者太少了，很多已经没有办法考证了。商代的礼制，我也是能讲一讲的，但是它的后代宋国（商朝后人所守之国）保存下来的历史文献和贤者太少了，很多已经没有办法考证了。如果历史文献和贤者充足，我是能够将夏代的礼制和商代的礼制考证出来、加以印证的。"

孔子重视礼，希望礼要有历史文献和贤者来考证。但是，孔子自己说他讲的古代礼仪，当下已经无法考证了。看来历史文献不足，也是孔子面临的难题和遗憾。

3.10 子曰："禘[②]自既灌[③]而往者，吾不欲观之矣。"

【说】孔子说："在禘礼仪式上，从完成第一次献酒以后，我就不想再看了。"

---

① 文献：文指文字资料，献指熟知夏礼殷礼的贤人。

② 禘（dì）：只有天子才能举行的一种大型祭礼。

③ 灌：祭礼开始的第一次献酒。

有关禘礼，说法很多。按照周礼，每年惊蛰时节，周天子郊祭天神上帝，周人始祖后稷配享，目的是祈祷农业丰收。由于周公旦对西周的贡献，周成王特许鲁国世世以天子礼乐祭祀周公（《礼记·明堂位》），所以鲁国每年也有禘礼活动。

孔子不想看的原因可能有两方面：一是这是在季氏代理鲁侯时期的祭祀活动，孔子认为季氏郊祭僭越，所以他不想看；二是孔子认为鲁国的禘礼仪程不合周礼，所以他不想看。一般认为是前者。

无论如何，孔子的这一态度，都显示出孔子对固有礼仪规范的执着。

3.11 或问禘之说。子曰："不知也。知其说者之于天下也，其如示诸斯乎！"指其掌。

【说】有人问孔子，关于禘礼的规仪。孔子说："我不知道啊。知道禘礼的人对治理天下的事，可能像把东西放在这里一样容易吧！"说完指了指自己的手掌。

结合《论语》上下文，孔子应当知道禘礼的仪程。为什么他说不知道呢？因为禘礼不仅仅是一个简单的祭祀仪式，更是一个象征意义的体系。禘礼既是文化的，又是宗教的，更是政治的。孔子说自己不知，大概是因为他自知，只知形式不知内涵，只知文化不知宗教和政治。治理天下的事情，没有在他那里。孔子思不出位，不在其位不谋其政，所以孔子说他不知。

但结合上一章"不欲观"来看，孔子认为天子的禘礼不应被僭越，所以说"不知也"。这种理解可能更切合孔子原意。

3.12 祭如在，祭神如神在。子曰："吾不与祭，如不祭。"

【说】祭祀祖先时，就像祖先就在眼前一样；祭祀天神时，就像天神就在眼前一样。孔子说："应该有我参加的祭祀活动，如果我没有参加，即便是举行了祭祀活动，对我来讲也跟没有举行一样。"

孔子的意思，是倡导一种做人的诚、敬精神。对先祖和天神的尊敬，是要明白自己的一份责任、使命，而不是说真的要相信，先祖真的就在眼前。因此，所有的祭祀活动，都是给自己看的，也是给他人看的，目的是凝聚人心、巩固秩序。

3.13 王孙贾[①]问曰："与其媚于奥[②]，宁媚于灶[③]，何谓也？"子曰："不然，获罪于天，无所祷也。"

【说】孔子在卫时，卫国权臣王孙贾问孔子："俗语说，与其巴结房屋西南角尊贵的奥神，不如巴结灶神。这句话是什么意思？"古时家中供奉两个神，奥神虽然地位尊贵，但他不管俗事。灶神虽然地位低下，但他有实权——掌管日常饮食。王孙贾是在暗示孔子，要做官就找我这个权臣，不必找国君。

孔子说："不是这样的，如果得罪了上天，到什么地方去祷告求情，都是没有用的。"此处孔子口头的上天，可能是指卫国

① 王孙贾：卫灵公的大臣。

② 奥：居于屋内西南角，屋内最尊贵的神。

③ 灶：灶神。

最高权力拥有者卫灵公，也可能是指天理人情。孔子的意思是说，如果我得罪了卫灵公或者做出了伤天害理的事情，巴结谁也是没有用的啊！

这句话还有另一种解释。奥为主屋深处祭祀尸位的地方，灶是饮食之处。王孙贾所问，是当时民间流行的谚语，意思是与其浪费金钱用于祭祀鬼神，不如把浪费的金钱用于满足口腹之欲。孔子不同意王孙贾的说法，主要是孔子认为祭祀是国之重典，不可偏废。

3.14 子曰：“周监于二代，郁郁乎文哉！吾从周。”

【说】孔子说：“西周在借鉴和取法夏、商两代的礼乐制度后建立了自己的礼乐制度，盛大繁复的西周礼乐制度体系，多么完备灿烂啊！我赞成西周的礼乐制度。”

虽然孔子声称“吾从周”，但是他的主张与西周（周公）有着明显的不同。孔子期望重建社会秩序，不是期盼于“天命”，而是将关注点转向“人心”（人之为人）。二者区别的重点是，“天命”是集体或者集体的代表的，而“人心”却是社会上每个人都有的。这是孔子的进步之处。

进一步说，孔子的伟大之处，是他对人的重视，倡导作为一个人本体意识的觉醒，并将这种观念通过教育在社会上传播，从而潜移默化地改变社会，推动社会的进步。而孔子的局限性，是其历史的局限性，他不能跳出他所处的时代，看不清楚社会发展的趋势，而是出于善良的愿望，希望社会回到史书上记载的、稳定的、秩序井然的西周时期，或者是传说中的尧舜时期。两千五百多年以后的今天，我们大约可以知道，历史是永远也无法回去的过往，不论在什么时期，这个社会唯一的出路都在未来、不在过往。

3.15 子入太庙，每事问。或曰："孰谓鄹人[①]之子知礼乎？入太庙，每事问。"子闻之，曰："是礼也。"

【说】孔子进入太庙，每件事都要仔细请教、问询，好像他什么也不懂的样子。由于孔子小时候以知礼闻名乡里，孔子的行为引发人们的议论。有人说："谁说鄹邑大夫的儿子懂得礼仪呀？他进入太庙以后，什么事都不明白，什么事都要向别人请教。"孔子听到这样的传言后说："这就是我懂礼的表现啊。"

孔子偷换了一个概念。别人所说之礼，是礼仪的礼，是具体的行礼规范。而孔子所说的礼，是礼貌之礼，是他懂礼貌、好学习，是他敏而好学、不耻下问、学而不厌的态度，是他为人处世的谦虚谨慎。孔子的这种态度，进一步彰显了他做学问的实践导向。孔子小时候热衷学礼，但对于具体的礼的操作来讲，走进太庙无疑是一个宝贵的实地学习机会。孔子请教一遍以求确认他学过的礼，在实地操作环境下印证自己所知所不知，这确实是一个很好的学习机会。

3.16 子曰："射不主皮，为力不同科，古之道也。"

【说】孔子说："射礼上的射箭比赛，一般以射中而不穿透为标准，因为礼射的用力要求与比武射箭不同。这是古时候的道理啊。"

---

① 鄹（zōu）人：指孔子的父亲叔梁纥，他曾担任鄹邑大夫。

古往今来，对这句话的解释，往往集中于“各人力气大小不同”上，认为参与礼射的贵族，与参与射箭比武的人相比，力气上的要求会小一些。事实上不是这样的。春秋时期，上战场打仗的是贵族，当时只有贵族子弟才有参军打仗的资格，这些人并不像后来的文官那样缺乏力气。

再之，就射箭实践来讲，轻射（即射中靶心而不穿透）对射出的角度和力量大小的精准度要求非常高，而劲射（即穿透靶心）只要力量足够，对射出角度的要求较低（直接瞄准即可）。一般而言，劲射的技术难度，远远低于轻射。所以说，孔子讲的“射不主皮”，是高难度的要求。历史上解读此句子的文人，大概都不熟悉射箭吧。试想，如果孔子讲此话的意思是说因为参与射礼的人力气不够，从而放松对他们的要求（不用穿透靶心），这句话的意义又在哪里呢？

在射礼仪式上，高技术难度的轻射，正好可以检验参与射礼的人内在的心性与外在的力量是否协调，观其神态、动作、举止、力量控制等是否与现场礼乐相合。如此一来，射礼可以展现参与射礼者的道德修为，从而达到通过射礼发现、选拔贤能的目的。

3.17 子贡欲去告朔[①]之饩羊[②]。子曰：“赐也！尔爱其羊，我爱其礼。”

① 告朔：朔为农历每月初一。周天子每年秋冬之际，把下一年的历书颁发给诸侯，诸侯把历书放在祖庙里，每月初一来到祖庙，杀一只活羊祭庙，表示每月听政的开始。这一仪式叫作“告朔”。

② 饩羊：祭祀用的活羊。

【说】子贡要把每月初一告祭鲁国祖庙用的那只活羊去而不用。孔子说："赐，你可惜那只羊，我却爱惜那种礼。"

"告朔饩羊"是鲁国礼制，每逢初一，鲁国国君便杀一只活羊去祭祀祖庙，然后回到朝廷听政。到了子贡的时候，鲁国国君不再亲临祖庙，只是让人杀一只羊应付一下。子贡看到这项礼制已经失去实际意义，仅仅变成了一种形式，便提出废除此项制度，留下那只可怜的羊。

孔子批评子贡说，你只看到要救一只羊，而没有看到这样做会让一项礼制完全消失。虽然现实中礼制衰退为形式，但这个形式仍可以提醒人们，有这样的规矩在，还是能发挥一点儿约束作用。说不准这项礼制还会有恢复的希望。如果彻底取消、废除了，希望也就完全没有了。

3.18 子曰："事君尽礼，人以为谄也。"

【说】孔子说："遵照周礼的规定侍奉国君，别人却觉得你是在谄媚、讨好国君。"孔子此语，是在感叹当时的人们失去君臣之礼久矣！鲁国三桓弄权，蔑视君主，世人已经习以为常。

3.19 定公[①]问："君使臣，臣事君，如之何？"孔子对曰："君使臣以礼，臣事君以忠。"

【说】鲁定公问："国君差使大臣，大臣为国君做事，各自应

① 定公：鲁国国君。

该怎么做？”孔子回答说：“国君对臣下应当以礼相待，臣下对国君应当恪尽职守。”

话虽这样说，事实上却凝重许多。在南宋的时候，有个学生问朱熹，大意是“如果君不使臣以礼的时候，臣可以不事君以忠吗？”朱熹不敢回答这样的问题。按照孔子的原意，君臣关系，核心在于这个“君使臣以礼”的礼。大致上说，这个礼有两层含义。一是这件事情是官员应当做的，是职责范围内的事情，做就是礼。二是做到什么程度，不是无限制的要求，在合理的限度内，也是礼。合于礼的，君使臣天经地义。不合于礼的，臣可以推辞卸责。

我们还应当历史地看待君臣关系。春秋前期诸侯与卿大夫的关系，是与生俱来的。国君位置的继承者只有一人，卿大夫是他的血亲。这种君臣关系，为臣者既然不是国君可以任命的，当然也是国君无法随意免去的。国君即使想按功劳定赏罚爵位，恐怕也不易做到。此时的君臣关系，由于都是亲戚、自家人，凡事可以商量着来。

到春秋末期，孔子时期，社会上游荡着一大批亡命坠氏的贵族子弟，孔子本人也是这一群体中人。这一大批无固定主人的知识人，到处寻找新的主人、新的职位。《论语》中提到的孔子的二十多位弟子，其中有九个曾在各国任职。不过，他们与因血亲关系而任职的人不同，因为他们有选择的自由和空间。如果君臣合得来，就发挥才干；如果君臣合不来，便辞职到他处寻找合适的岗位。孔子本人也是这样的。所以，孔子时期的君臣关系已经从春秋前期的血亲关系进化到雇佣关系。既然如此，君（雇主）客客气气地按照规则对待臣（佣工）、臣恪尽职守完成任务，就是再正常不过的了。

后来，一直到汉武帝一统天下，君臣关系又发生了巨大的转变。东方朔曾经作《答客难》，形象地描述过这一变化。天下一统以后，知识的买主只剩下皇帝一个人，而知识的供给方（即读书人）却多得不可胜数，所以，君臣关系演变为臣下对君上的人身依附关系。到那个时候，再提孔子所谓的“君使臣以礼”，无疑是一种极端奢望了。

3.20 子曰：“《关雎》[1]，乐而不淫，哀而不伤。”

【说】孔子说：“《关雎》表现出愉快的情绪，但是不过分（有节制）；《关雎》也表现出悲哀的情绪，但是不颓丧。”这代表了孔子对文学艺术的态度，适度而不过分，健康而不病态。

3.21 哀公问社[2]于宰我。宰我对曰：“夏后氏以松，殷人以柏，周人以栗，曰使民战栗。”子闻之，曰：“成事不说，遂事不谏，既往不咎。”

【说】鲁哀公问宰我，做土地神的牌位，应该用什么木材。宰我回答：“夏代用松树，商代用柏树，周代用栗树。用栗树做牌位的意思是说，让老百姓战战栗栗。”孔子听到后说：“陈年旧事不用再去提了，已经完成的事不可能再挽回了，已经过去的事

① 《关雎》：《诗经》的第一篇。

② 社：土地神，这里指社主，即土地神的牌位。

也不必再追究了。”孔子的用意，是提醒宰我要谨言慎语。

儒者是积极入世的。儒家文化的一个明显特点是，儒者对事对物的思维模式和态度，往往会采取接受现实、立足现实，然后往最好的方向努力。但是，既往不咎的理由是为了美好的未来。如果没有这样的未来，再说既往不咎，是没有合理性的。这是需要注意的。

3.22 子曰："管仲[①]之器小哉！"

或曰："管仲俭乎？"曰："管氏有三归，官事不摄，焉得俭？"

"然则管仲知礼乎？"曰："邦君树塞门，管氏亦树塞门。邦君为两君之好，有反坫，管氏亦有反坫。管氏而知礼，孰不知礼？"

【说】孔子说："管仲的器量真小啊！"

有人问："管仲节俭吗？"孔子说："管仲有三个家室。他家里佣人很多。怎么谈得上节俭呢？"

那人又问："那么管仲懂礼吗？"孔子答道："国君在宫门前建一道照壁，管仲也在自家门口建了照壁。国君设宴招待别国国君时，在堂上设有放置空酒杯的土台，管仲宴客时也有这样的土台。如果说管仲知礼，那还有谁不知礼呢？"

孔子在这里批评管仲不知礼。而在《论语》的其他地方，孔子却在夸赞管仲之仁。看来，在孔子的心目中，仁是大于礼的。

---

① 管仲：春秋时齐国人，名夷吾，字仲，齐桓公的宰相。

3.23 子语鲁大师[①]乐。曰："乐其可知也。始作，翕如也；从之，纯如也，皦如也，绎如也，以成。"

【说】孔子与鲁太师谈论音乐。孔子说："音乐是可以知道的。起始，众音齐奏，缓慢平和，合而和谐。展开后，协调着向前推进，音调干净，有真挚纯粹之美。继之，聚精会神，达到高峰，主题突出，音节明晰，音调响亮，有明亮之美。最后，收音落调，余音袅袅，情韵不匮，乐曲在意味隽永里完成。"

孔子讲述的是音乐的艺术特征。翕、纯、皦、绎，呈现出一个由表及里、由浅入深、不断递进的审美感受升华。

3.24 仪封人请见，曰："君子之至于斯也，吾未尝不得见也。"从者见之。出曰："二三子何患于丧乎？天下之无道也久矣，天将以夫子为木铎[②]。"

【说】仪地的一个地方官求见孔子，他说："凡是来到我这个地方的君子，我没有见不到的。"孔子的弟子们领着他去见孔子。见过孔子出来以后，这个人讲："诸位何必为孔子丧失官位而担忧呢？天下无道的日子已经很长很久了，上天派孔子来教化民众了。"

说这句话的人，对孔子的道德学问，可以说是佩服之至。孔子的所作所为，以及后来的历史发展，也验证了"天将以夫子为木铎"这句话。后人讲，"天不生仲尼，万古如长夜"；又尊称孔

---

① 鲁大师：鲁国的太师，乐官之长。

② 木铎：是以木为舌的铜铃。古时候用以召集、号令众人的铎，有两种，以金属为舌的铜铃用来号令军队，以木头为舌的铜铃用来召集民众。

子为“至圣先师”，正好可以看作是对《论语》中这句话的回应。

3.25 子谓《韶》[①]，“尽美矣，又尽善也”。谓《武》[②]，“尽美矣，未尽善也”。

【说】孔子评论舜时的《韶》乐，是尽美尽善的；而评论周武王时的《武》乐，只说尽美，还不是尽善。原因是，前者不仅好听，而且表现着和平的思想。后者虽然也好听，却有些战争的气息。孔子是赞美和平而反对战争的，所以才有《武》乐尽美不尽善的评论。

美是一种感觉，善是一种判断；美是感性的，善是理性的。孔子不仅欣赏音乐的形式美，而且还重视音乐的内容善。美与善的统一，才是孔子由他自己对音乐的体验而来的对音乐的基本规定和要求。在孔子看来，音乐的尽美，道德的尽善（仁），应当融合在一起。

3.26 子曰：“居上不宽，为礼不敬，临丧不哀，吾何以观之哉？”

【说】孔子说：“居于上位的人不宽宏大量，行礼的时候不恭恭敬敬，参加丧事不悲哀。这样做人不合格、缺乏仁心的人，不足为伍啊！”

---

①《韶》：相传舜时的一种乐曲。

②《武》：相传周武王时的一种乐曲。

礼是社会的需要，是历史的产物。《周易·序卦传》也讲“有天地然后有万物，有万物然后有男女，有男女然后有夫妇，有夫妇然后有父子，有父子然后有君臣，有君臣然后有上下，有上下然后礼义有所错。”可见，礼是从有男女之别开始，到有君臣有上下而成。

礼与俗不同，区别在于礼是由人制定的，而俗是约定俗成的。礼与法有别，区别在于礼禁未然之前，法施已然之后。法有强制性，而礼主要靠社会舆论维持。

孔子在《论语》中多次谈到礼，可借用《中庸》中“哀公问政”章的一句话来提要：“仁者，人也，亲亲为大；义者，宜也，尊贤为大。亲亲之杀，尊贤之等，礼所生也。”大意是，仁就是人，人与人之间的关系以亲亲为大，也就是把父亲母亲等亲族血缘关系、亲属关系摆在前面。当人类群体发展有了社会的概念以后，在人类团体中血亲与非血亲共存的情况下，亲亲这样的血缘纽带就不够了，因此产生了义。义者宜也，意思是义是正当的，义与仁不同，义要求行为的正当性，以尊贤为大而不是要求亲亲为大。一个社会必须贤者在位，能者在职，才能兴旺发达。否则，将是社会大乱，民不聊生。

既然讲仁以亲亲为大，讲义以尊贤为大，那么，一个人到底应当是以仁为准则，还是以义为准则？《礼记》也有说明，大意是在家庭时应当重视亲亲关系，在社会上应当重视义的一面。但是，孔子又说了“亲亲之杀，尊贤之等”，大意是亲亲的对象太多了，亲疏远近有时很难分清楚；尊贤的对象太广了，上下左右会有种种不同，很难区分明白。怎么办？这就是礼产生的原因。社会经由礼建立的秩序，就是要解决分清亲亲之杀、尊贤之等这样的难题，让人在社会上的行为有所遵从。

里仁篇第四

4.1 子曰："里仁为美。择不处仁，焉得知？"

【说】孔子说："居住在仁者聚集的地方，与仁者为邻，是多么美好啊！如果不去主动选择与仁者相处，怎么能说是智者所为呢？"

人是社会的人。人之为人，既是一个生物学现象，更是一个社会现象。人类社会是由人组成的，没有人就没有人类社会。反之，没有人类社会就没有人，单个人不能脱离社会而存在。个人与社会的关系，如果以个人为出发点，事实上不是个人改变社会，而是社会改变个人。我们也可以感知到，社会在每时每刻地塑造着每一个人。在这个认知前提下，居于一个什么样的社会氛围中，就会潜移默化地成为一个什么样的人。所以，孔子奉劝大家，择仁者聚集的地方而居，日常与仁者相处。

4.2 子曰："不仁者不可以久处约，不可以长处

乐。仁者安仁，知者利仁。”

【说】孔子说：“不仁者无论是在贫困还是安乐的境地中，都有心神不宁、坐卧不安、六神无主的时候。仁者安于仁，智者利于仁。”

孔子在此处提出了一个伟大的命题。仁者安仁，与康德的“人是目的”的伟大命题，说法不同，意思接近。

从全世界的范围来看，在几个最古老的文明发源地，人们在生活的体验中，不断地提出不同的问题，最终这些问题归结为：人活着为了什么？文明的演进过程中，大家都在寻找生命的意义，寻找永恒的生命，努力地回答这个问题。简单地讲，古希腊人的回答是，为了寻求真理；印度人的回答是，人是自然的一部分，生活的目标就是归向自然。孔子的回答是：仁者安仁。

这个回答是建立在日常生活经历的直觉上。就我们的人生来讲，在时间长河的纵向坐标上，从我们的祖宗到我们再到我们的子孙，代代延续、生生不绝。在一个人存活在世间的横向坐标上，我们的目光所及，从我们自己到家庭到近邻到远亲再到所有的人，修身齐家治国平天下，一步步地扩展到整个人类社会。纵横两个坐标叠加在一起，中国人清醒地认知到，自己是一个人，是群体中的一个人。用我们现在的话来说，人是社会性的存在。认识到这一点之后，生命的意义在哪里？生命的意义就是我们自己，也是与我们有关的他人，我们的生活既为自己，也为他人。这就是孔子所说的仁。可以说，孔子的仁是出自人之为人的普遍本性。仁，内在于人的生命本然。从这个意义上讲，孔子的学说是具有普遍适应性的。

任何一个人都不能自我为人。所谓仁者，就是作为一个真正的人（活在纵横两个坐标内的人）而存在的人，一个像样的人。所以，孔子说，不知道人为什么活着的人（不仁者）无论是在贫困还是安乐的境地中，都有心神不宁、坐卧不安、六神无主的时候。只有一个真正的人，才知道自己为什么活着，为自己、为他人，即便日夜操劳，也是心安理得。

知者利仁是什么意思呢？仁者是知道自己为什么活着、安于自己的仁心。只有智者，即聪明智慧的人，才能够更好地尽仁的责任（让自己和所有与自己有关系的人活得更好）。

4.3 子曰："唯仁者能好人，能恶人。"

【说】孔子说："只有仁者才能识别社会上哪些是好人（心地纯良、利人利己者）、哪些是恶人（损人利己、损人不利己者）。"

自己的那颗心，就是一面镜子啊！如果被世事尘垢玷污、被猪油蒙上，吃亏上当的只能是自己啊。孔子的意思是说，好恶只有在不被利害左右的仁者那里，才能得其正。王阳明的心学，阐发此意最为彻底。

4.4 子曰："苟志于仁矣，无恶也。"

【说】孔子说："如果一个人不忘自己是一个人（立志实行仁德），那么他的心里就不会有恶念。"

4.5 子曰："富与贵，是人之所欲也；不以其道得

之，不处也。贫与贱，是人之所恶也；不以其道得之，不去也。君子去仁，恶乎成名？君子无终食之间[①]违仁，造次必于是，颠沛必于是。”

【说】孔子说：“富贵是人们都向往的、都想得到的，但是，如果是用不正当的手段得到富贵，君子不会接受这样的富贵。贫贱是人们都厌恶、都想摆脱的，但是，如果是用不正当的手段脱离贫贱，君子宁愿处于贫贱之中。君子如果不坚守做人的准则，又怎么能被称为君子呢！君子从来不会违背做人的准则，即便是最为紧迫的时刻，即便是在颠沛流离的时候，都要坚守做人的准则。”

4.6 子曰：“我未见好仁者，恶不仁者。好仁者，无以尚之；恶不仁者，其为仁矣，不使不仁者加乎其身。有能一日用其力于仁矣乎？我未见力不足者。盖有之矣，我未之见也。”

【说】仁是内在的，不是外显的。

所以孔子说：“我没有见过喜欢仁的人、讨厌不仁的人。当然，一个人如果是喜欢仁的人，是再好不过了。一个人如果是讨厌不仁的人，大概他的仁心（自觉），是为了避免自己沾染上不仁的东西吧。有谁一整天都把精力用在仁上的吗？也许真的有，但我没有见过这样的人。”孔子表达的意思是，仁是不知不觉中完成的、不是刻意有意为之。大概孔子伤感于世上没有明君，才

① 终食之间：吃完一顿饭的时间。

做如此感叹。

4.7 子曰："人之过也，各于其党。观过，斯知仁矣。"

【说】可以通过观察一个人犯什么样的错误来识别他，事实上也是这样，人们脸上的标签多是被他们犯过的错误贴上的。孔子说："人们犯的错误，总是同他们那类人所犯的错误是一样的。可以通过观察一个人犯什么样的错误，来识别他是一个什么样的人。"

4.8 子曰："朝闻道，夕死可矣。"

【说】孔子说："早上听说了真理，就是当天晚上死了也心甘。"

4.9 子曰："士志于道，而耻恶衣恶食者，未足与议也。"

【说】孔子说："那种既要追求真理、又要锦衣玉食的人，是不会有什么真见识的。不值得同他商讨。"

4.10 子曰："君子之于天下也，无适也，无莫也，[①] 义之与比。"

---

① 无适也，无莫也：适，亲近、厚待；莫，疏远、冷淡。无适无莫，对人没有远近亲疏。

【说】孔子说："君子对于天下的人和事，不能主观地、教条地否定什么、肯定什么，是是非非、亲亲疏疏，行动的取舍，一切要以道义为依据、为参照。"

义是一切行为的指南，是做人做事的最高准则。孟子讲："大人者，言不必信，行不必果，惟义所在。"（《孟子·离娄下》）表达得更为直接。

4.11 子曰："君子怀德，小人怀土；君子怀刑，小人怀惠。"

【说】孔子说："为人处世，君子胸怀仁德而以道义为行动指引，小人只顾私利而往往各行其是；君子想的是制度法规允不允许，小人想的是对自己有没有好处。"

4.12 子曰："放于利而行，多怨。"

【说】孔子说："一味地追求个人利益，会招致他人的怨恨。凡事都依利而行，不是什么好的选择。"

4.13 子曰："能以礼让为国乎？何有？不能以礼让为国，如礼何？"

【说】孔子说："君子能以礼让治国吗？如果能，在社会上、在民间推行礼制，又会有什么困难呢？如果不能以礼让治国，那么，又怎么能在社会上、在民间推行礼制呢？"

孔子的意思是，为上者不知礼让、肆意妄为，想让社会上民风淳朴，只是妄想而已。大到一个国家，小到一个单位、一个家庭，基本上是上行下效的。

4.14 子曰："不患无位，患所以立；不患莫己知，求为可知也。"

【说】孔子说："不要担心有没有自己的位置，要担心自己有没有这个能力（立身的本领）；不要担心别人不知道自己，要担心自己有没有做出能够让别人知道的事情。"孔子的意思是，只要建立功业，就不怕没有功名；只要有能力，就不怕没有位置。

人生天地间，自己能够做到、做好的事情，一定尽力去做到、做好。自己做不了主的事情，坦然地交给机遇、交给命运，也不失为立身处世的基本态度。孔子一生都想找机会施展自己的政治抱负，结果是天不遂人愿，到处碰壁。最终，晚年的孔子将人生定格在教书育人、传播思想文化上。孔子的最终选择，正是他这种立身处世基本态度的反映。光阴似箭，能做点儿什么就做点儿什么吧。只要不平白无故地浪费时间，所有的付出都是值得的。

4.15 子曰："参乎！吾道一以贯之。"曾子曰："唯。"子出，门人问曰："何谓也？"曾子曰："夫子之道，忠恕而已矣。"

【说】孔子说："曾参啊，我的学问是一以贯之的。"曾子答道："是的。"

孔子出去后，其他的学生问曾子："老师的话是什么意思？"

曾子答道："老师的思想主张，是忠和恕啊！"

所谓一以贯之，就是用"一"来贯穿一切，用"一"将自己的所有学问主张、思想认识贯穿在一起。这个"一"是什么？根据曾子的回答，"一"是忠和恕。所谓忠，首先是忠于自己，做人做事能够尽自己之心，尽自己所能。人活在世上，最对得住自己的，就是要将本性本能一点儿不保留，全部发挥出来，"己欲立而立人，己欲达而达人"。所谓恕，就是孔子讲的"己所不欲，勿施于人"。忠和恕，是实行仁的两种基本方法。孔子一以贯之的"一"，其实就是仁。孔子用"仁"来贯穿一切，用"仁"来统领万物。仁是贯穿孔子学问及其一切的根本方法、根本动力，也是孔子思想认识的价值取向和最终归宿。

概括一下，在《论语》中，孔子谈到的仁，大概有三个层次。一是从为仁的态度上讲，是忠，即"己欲立而立人，己欲达而达人"；是恕，即"己所不欲，勿施于人。"二是从为仁的方法上讲，其一有仁的决心，即"我欲仁，斯仁至矣"，"有能一日用力于仁矣乎"等；其二是与仁者交友，即"友其士之仁者"；其三是"居处恭、执事敬、与人忠"；其四是推己至仁，即"能近取譬"；其五是"克己复礼"，即"非礼勿视、非礼勿听、非礼勿言、非礼勿动"；等等。三是从仁的作用效果上讲，从个人角度讲是"仁者静""仁者不忧"等；从社会角度讲是施行仁政。

在孔子那里，仁既是功夫，也是本体。仁是人之为人的基本德行，也是人存在的本质。人同此心，心同此理。孔子讲"一以贯之"，就是在提醒学生们，将仁心仁行贯穿日常学习生活之中，使日常学习生活实践积累为人格成长的动力，尽早形成正确的、牢固的价值观（即仁的观念），从而实现学以成人。再将这一仁的价值观，贯穿求知与立行之中，并以仁为标准，使自己物质世界的活动，与自己精神领域的追求，高度地契合在一起，从而过上充实踏实的生活，成己、成人、成物。

4.16 子曰："君子喻于义，小人喻于利。"

【说】孔子说："君子知道义，小人知道利。"

这句话的意思是，君子以道义作为行动的准则，小人以利益作为行动的准则。所以，如果你面对的是君子，就给他讲道理、讲道义，用道义打动他。如果你面对的是小人，就直接给他讲利益，用利益打动他。假如反过来，给君子只讲利益，给小人只讲大义，事情必然会适得其反。

4.17 子曰："见贤思齐焉，见不贤而内自省也。"

【说】孔子说："遇见贤人就要向他学习，积极向他看齐。遇见不贤的人，就要反省有没有与他相似的问题和缺点，如果有就要认真改正。"以他人为参照来不断完善自我，由自我反省而来的改过迁善，这是了不起的修养功夫，也是孔子入德之门。

4.18 子曰："事父母几谏，见志不从，又敬不违，劳而不怨。"

【说】孔子说："侍奉父母，发现他们有不对的地方，要小心地提醒他们改过向善。如果自己的意见没有得到父母的采纳，态度上还是要尊重父母，不违背他们的意愿。然后默默地替他们操劳而心甘情愿。”

儒家认为，仁的实现必须经由义的途径，义是行为的当然之则。可以说，在儒家思想认识里，义是行为的最高准则。义，统摄着其他的伦理道德要求。明白这一点，对于理解儒家思想而言非常重要。孝虽然也是儒家非常重要的德目，但孝要付诸行动，孝行也要遵循义的准则。所以，即使是父母，见到他们的行为有违义的准则，子女也应当及时提醒他们改正。

这句话的意思，与《子路篇》第 18 章中的“父为子隐，子为父隐”遥相呼应。

4.19 子曰：“父母在，不远游，游必有方。”

【说】孔子说：“父母在，不出远门（担心不能直接奉养父母）；如果出远门，必须要有正当的理由、明确的目的地，以免父母担心。”

爱护自己的幼小，是大多数动物都有的本能。然而，子女对父母的孝，却是人类独有的。孝是人类区别于动物的明显标识，所以，在孔子的仁学里，孝被置于很高的位置。所谓孝，从根本上讲，就是子女能以父母之心为心。

4.20 子曰：“三年无改于父之道，可谓孝矣。”

【说】此句话与《学而篇》第 11 章重复。

4.21 子曰："父母之年，不可不知也。一则以喜，一则以惧。"

【说】孔子说："父母的年龄，不能不知道啊。一方面为他们长寿而高兴，一方面又为他们年迈而忧虑。"

《诗经·小雅·蓼莪》云："父兮生我，母兮鞠我。拊我畜我，长我育我，顾我复我，出入腹我。"翻译成今天的话，大意是"父亲呀你生下我，母亲呀你喂养我。你们护我疼爱我，养我长大培育我，想我不愿离开我，出入家门怀抱我。"子女孝敬父母，天经地义，是没有什么条件和道理可以讲的。

4.22 子曰："古者言之不出，耻躬之不逮也。"

【说】孔子说："古时候人们不轻易说话，是因为他们担心话说出口以后自己却做不到啊。"

4.23 子曰："以约失之者鲜矣。"

【说】孔子说："因为对自己节制、约束而犯错的情况很少见。"

4.24 子曰："君子欲讷于言而敏于行。"

【说】孔子说："君子说话迟缓、行动敏捷。"

4.25 子曰："德不孤，必有邻。"

【说】孔子说："品德高尚的人不会孤单，必定会有人向他靠拢、与他相处。"

4.26 子游曰："事君数[①]，斯辱矣；朋友数，斯疏矣。"

【说】子游说："侍奉国君，如果心存算计，便会受到羞辱；与朋友相处，如果心存算计，则会被朋友疏远。"与人相处，特别是与要经常打交道的人相处，万事不能做一时一事计，只有心存忠信，方可取信于人，受到尊重，交到真正的朋友。

① 数：算计。

公冶长篇第五

5.1 子谓公冶长[①]，“可妻也，虽在缧绁[②]之中，非其罪也。”以其子妻之。

【说】孔子在谈到公冶长时，说道：“可以将女儿嫁给他。公冶长虽然有过牢狱之灾，但这不是因为他的过错（意思是蒙冤入狱）。”于是孔子便将自己的女儿嫁给了公冶长。

大概是孔子看中了公冶长人品高贵，谦让忍和，即便遭遇困境也能平淡处之，值得将女儿托付给他。

5.2 子谓南容[③]，“邦有道，不废；邦无道，免于刑戮。”以其兄之子妻之。

---

① 公冶长：孔子学生，齐人。

② 缧绁：缧指黑色的绳索，绁指栓、套。这里指监狱。

③ 南容：孔子学生南宫适。

【说】孔子在谈到南容时说："他能在国家政治清明时入朝为官、发挥才干，更能在政治黑暗的时候保全自身、避免刑罚。"于是将自己的侄女嫁给了南容。

孔子赞赏南容，能明察时势，把握时机，在环境允许时出来做事，在环境不允许时明哲保身，世清不废，世浊不污，为人处世非常得体。这是一种智慧，更是一种修行。这样的人，同样值得托付。

5.3 子谓子贱[①],"君子哉若人！鲁无君子者，斯焉取斯？"

【说】孔子在谈到子贱时说："子贱真是个君子啊！如果鲁国没有君子的话，子贱怎么能够学习成为一个君子呢？"

可能是孔子自己"得意洋洋"，教出了子贱这样的学生。也有可能是孔子在讲环境和教育对君子人格养成的重要性。

5.4 子贡问曰："赐也何如？"子曰："女，器也。"曰："何器也？"曰："瑚琏[②]也。"

【说】子贡问孔子："我怎么样？"孔子答道："你只是个器具（有用之材）啊。"

子贡接着问："什么器具呢？"孔子答道："是祭祀时用的瑚

① 子贱：孔子学生宓不齐，字子贱。
② 瑚琏：祭祀时盛放粮食的器具。

琏吧。”

孔子认为子贡有陷于一偏的倾向，认为善于雄辩、通达事理的子贡，只是一个比较体面的在重要场合使用的器具而已。孔子意在提醒子贡要注意全面发展。

5.5 或曰：“雍[①]也仁而不佞。”子曰：“焉用佞？御人以口给，屡憎于人。不知其仁，焉用佞？”

【说】有人说，冉雍是个仁者，却在口头上有些笨拙。孔子说：“是个仁者足矣，为什么一定要有口才呢？总是伶牙俐齿地与他人在口头上争是非的人，往往令人讨厌。我虽然不确定冉雍是不是一个仁者，但是，口才对做人而言不是主要的。”

孔子对巧言令色有着一种天然的抵触，不好多言，讨厌巧言。作为一个成功的教育家，孔子的这一习惯，尤为难能可贵。

5.6 子使漆雕开[②]仕。对曰：“吾斯之未能信。”子说。

【说】孔子让漆雕开入仕做官。漆雕开说：“我对为官之道还不太明白，我对做官没有信心。”孔子听了很高兴。孔子对漆雕开谦虚礼让的态度、有心于学的志向，感到很高兴。

① 雍：孔子学生冉雍，字仲弓。

② 漆雕开：孔子学生，字子开。

5.7 子曰："道不行，乘桴浮于海。从我者其由与？"子路闻之喜。子曰："由也好勇过我，无所取材。"

【说】孔子说："如果天下无道，我就坐木筏子漂流到海外。能够跟随我的大概只有子路了吧？"

子路听到这话感到很高兴，面露喜色。孔子接着又说："子路勇武过人，勇气超过了我。不过，我们上哪里去找寻造船的木材呢？"孔子的意思是漂流海外的想法无法成行，有调侃之意。

孔子大概是有感于其大半生求仕行道屡遇挫折的坎坷经历而无可奈何地自我安慰。子路很高兴，高兴的是老师对自己的了解和信任。孔子的"无所取材"是调侃，是一种无可奈何的幽默。事实上，孔子偶有隐逸想法，并不能否定他一生积极进取、积极入世的人生态度。有时候，隐，体现的是不愿同流合污的精神力量，体现的是强烈的道德人格自律精神。面对无道之世，退隐而守道、求志，放弃不可能的"行道"而矢志于"传道"，也不失为一种积极的人生态度。

5.8 孟武伯问："子路仁乎？"子曰："不知也。"又问。子曰："由也，千乘之国，可使治其赋也，不知其仁也。"

"求也何如？"子曰："求也，千室之邑、百乘之家，可使为之宰也，不知其仁也。"

"赤也何如？"子曰："赤[1]也，束带立于朝，可使

① 赤：孔子学生公西赤，字子华。

与宾客言也，不知其仁也。”

【说】鲁国大夫孟武伯问孔子：“子路是个仁者吗？”孔子答道：“不知道啊。”孟武伯又接着问（意思是你怎么会不知道）。孔子说：“子路啊，一个有千辆兵车的诸侯国，可以让他去负责军事。至于他是不是一个仁者，我还不知道。”

孟武伯接着问：“冉求怎么样？”孔子说：“冉求啊，一个有千户规模的大邑，或者一个有百辆兵车的封地，可以让他当总管。至于他是不是一个仁者，我弄不清楚。”

孟武伯继续问：“公西赤怎么样？”孔子说：“赤呀，穿上礼服，站在朝廷上主管礼仪，可以让他和宾客会谈、办理对外交涉事宜。我也不知道他是不是做到了仁。”

孔子的回答，只是针对他的弟子们的才干特点予以评价、推荐，从“用”的角度回答了孟武伯的提问。至于“不知其仁”，并非是孔子不了解他的弟子们的内在修为，而是孔子不想和孟武伯讨论这些。因为孟武伯的真实意图显然不是在问仁，他更不是可以讨论“仁”的对象，因此孔子有意回避了。

孔子是个真正的智者。能够面对提问的对象，回答对方真正关注的问题，而不仅仅听对方口头讲的话。

5.9 子谓子贡曰：“女与回也孰愈？”对曰：“赐也何敢望回？回也闻一以知十，赐也闻一以知二。”子曰：“弗如也，吾与女弗如也！”

【说】孔子问子贡：“你和颜回相比，谁更优秀？”

子贡答道："我怎么敢和颜回相比！颜回能闻一知十，我顶多可以做到闻一知二。"子贡的意思是，他的学习能力比不上颜回。

孔子说："你是不如他。我同意你的看法，你是不如他。"

不过，子贡在经商理财、政绩、影响力等方面，都远远超过了颜回。

5.10 宰予[①]昼寝。子曰："朽木不可雕也，粪土之墙不可圬也，于予与何诛？"子曰："始吾于人也，听其言而信其行；今吾于人也，听其言而观其行。于予与改是。"

【说】宰予大白天睡觉，被孔子看到了。孔子说："腐朽的木头无法雕刻，烂泥巴垒成的墙无法粉刷。像宰予这样懒怠的人是调教不好的。"

孔子又说："过去人家给我说什么，我就相信他们一定会做什么；现在人家给我说了什么，我还要看他们是否做到了。我是因为宰予的情况，改变了对别人的态度的。"

"以言取人，失之宰予。"在孔子眼里，宰予能说会道，但言行不一，说话不算话。

5.11 子曰："吾未见刚者。"或对曰："申枨[②]。"子曰："枨也欲，焉得刚？"

---

① 宰予：孔子学生，字子我。

② 申枨（chéng）：孔子学生。

【说】孔子说："我还没有见过内心刚强的人。"有人说："申枨是个刚强的人。"孔子说："申枨的欲望过多，他怎么能够刚强不屈？"

刚强是指人内心具有的坚强不屈的意志力。一般而言，有求皆苦，无欲则刚。所以，孔子说他没有见过内心刚强的人。

5.12 子贡曰："我不欲人之加诸我也，吾亦欲无加诸人。"子曰："赐也，非尔所及也。"

【说】子贡说："我不想让别人强加给我的事情，我也不会强加给别人。"孔子说："赐啊，这是你做不到的。"

这句话是"己所不欲，勿施于人"的翻版。孔子的意思是，子贡腔调太高，不切合实际。

5.13 子贡曰："夫子之文章，可得而闻也；夫子之言性与天道，不可得而闻也。"

【说】子贡说："老师的关于诗书礼乐、文献知识等方面的讲述，我们是可以听得到的。老师关于人性与天道方面的体悟，我们是听不到的啊！"这说明孔子没有与学生交流过人性与天道方面的知识和体悟。

孔子施教，总是从近处、从实践、从具体的言行等方面入手。虽然语言是孔子教导学生的主要工具，但孔子本身反对巧言、多言，提倡谨言、慎言，注重言说对象和方式，强调行在言先。孔子或许认为，对于"人性与天道"等一些非人力所及的客观存在、个体体验，言语往往讲不清楚，如果强词夺理，结果必然是词不达意。因此，对这些领域的问题，孔子没有言说，而是留待弟子们在实践、修身中体悟。这正体现出孔子的真诚。

5.14 子路有闻，未之能行，唯恐有闻。

【说】《礼记·杂记下》讲“君子有三患：未之闻，患弗得闻也；既闻之，患弗得学也；既学之，患弗能行也。”意思是君子担心三件事，自己没有听说过的知识和道理，担心不能听到；已经听说了，担心不能学到；已经学到了，担心不能做到。

子路听到一个道理，在还没有去实践这个道理之前，他总是担心再听到其他新的道理，怕因此分了心，使他不能彻底做成一件事，践行一个道理。

实际上，子路担心的是，自己知道了不能做到。看来子路是个能够严格要求自己的人。

5.15 子贡问曰：“孔文子[①]何以谓之‘文’也？”子曰：“敏而好学，不耻下问，是以谓之‘文’也。”

【说】子贡问：“孔文子的谥号为什么是‘文’？”孔子说：“他天资聪明又好学，能够不耻下问。所以给他的谥号是‘文’。”

古时候，谥号往往用来高度概括一个历史人物的生平。孔文子之“文”，体现在：一是其聪明好学，二是其不耻下问。世上

① 孔文子：即卫国大夫仲叔圉。

聪明好学者众，不耻下问者寡。不知为不知，不掩盖自己的无知，不担心丢面子，真诚求知，孔文子无愧于一个“文”字。

5.16 子谓子产[①]，“有君子之道四焉：其行己也恭，其事上也敬，其养民也惠，其使民也义。”

【说】孔子评论子产，说：“他有四种行为符合君子之道。一是他自己的行为态度恭敬、庄重，二是他侍奉国君时认真负责，三是他爱护百姓、能给百姓带来好处，四是他役使百姓公正合理。”也许在孔子眼中，子产做到了“为政以德”。

5.17 子曰：“晏平仲[②]善与人交，久而敬之。”

【说】《晏子春秋》记载，晏子说话耿直无畏，齐景公常常被晏子气得火冒三丈，但齐景公还是很敬重晏子。在晏子死后十七年，齐景公仍然怀念晏子，说：“自晏子没后，不复闻不善之事。”晏子为人正直，敢于直谏，能屈己礼于下人，的确是一个值得尊敬的人。孔子夸赞晏子：“救民之姓而不夸，行补三君（即齐灵公、庄公、景公）而不有，晏子果君子也。”对于一个不夸耀、不居功、为人耿直的人，只有相处久了，才会知道他的品行高尚，相识时间越长，越是了解，越是对他尊重。

所以，孔子说：“晏平仲擅长与人打交道，时间久了，大家

---

① 子产：公孙侨，字子产，春秋时郑国著名的贤相。

② 晏平仲：即齐国贤大夫晏婴，后人称晏子。

都很尊敬他。”德行、格局、能力出众者，只要能够真诚待人，终究会获得牢固的友谊，会获得大家的尊重。

5.18 子曰：“臧文仲居蔡[①]山节藻棁[②]，何如其知也？”

【说】孔子说：“臧文仲私自在家饲养了天子诸侯专用的大龟，还为大龟的住所装饰了天子宗庙才能用的‘山节藻棁’，他怎么能算是明智之士呢？”

《左传·文公二年》也有记载，孔子批评臧文仲养了一只大乌龟、迷信卜卦，说他这是不明智的行为。

5.19 子张问曰：“令尹子文三仕为令尹，无喜色；三已之，无愠色。旧令尹之政，必以告新令尹。何如？”子曰：“忠矣。”曰：“仁矣乎？”曰：“未知，焉得仁？”

“崔子弑齐君，陈文子有马十乘，弃而违之。至于他邦，则曰：‘犹吾大夫崔子也。’违之。之一邦，则又曰：‘犹吾大夫崔子也。’违之，何如？”子曰：“清矣。”曰：“仁矣乎？”曰：“未知，焉得仁？”

【说】子张问：“楚国子文三次担任令尹（相当于后世的宰

① 臧文仲，鲁国大夫。蔡，地名，这个地方产龟，大龟为天子诸侯专用之物，人们把这种大龟称为“蔡”。

② 山节藻棁：山节，刻成山形的斗拱。藻棁，画有水藻的梁上短柱。《礼记·明堂位》记载：“山节藻棁，复庙重檐……天子之庙饰也。”

相），担任时没有高兴的样子。但他三次被免去职务，被免职时也没有不高兴的样子。他每次被免职，一定把一切政事全部告知来接任的人。他这个人怎么样？”孔子答道：“子文可以说是为政事和国家尽忠了。”子张问：“子文算得上是个仁者吗？”孔子说：“不知道啊。这怎么能算是仁呢？”

子张又问：“齐国大夫崔杼杀了他们的国君。齐国大夫陈文子丢掉家财不要，离开了齐国。到了另一个国家，说这个国家的执政者与齐国的崔杼差不多，又离开了。再到另一国家，说这个国家的执政者仍是与崔杼差不多，还是离开了。陈文子怎么样？”孔子答道：“陈文子是个清高的人啊。”子张问：“陈文子算得上是个仁者吗？”孔子说：“不知道啊。这怎么能算是仁呢？”

这段对话涉及仁和忠、清的关系。在孔子的伦理道德体系中，仁是一切道德的总称，为人忠和为人清，都是仁的一部分，而不能代表仁。就它们之间的关系来讲，仁者必忠、仁者必清，但是忠者未必仁、清者未必仁。

5.20 季文子[①]三思而后行。子闻之，曰：“再，斯可矣。”

【说】季文子每次做事都要考虑再三，然后才行动。孔子听到了季文子的事情，说：“考虑两次就够了。”

人们常说“三思而后行”，其实，有时候可能没有时间、局势不允许去仔细考虑，有时候考虑得再周全，未来展现的也未必

① 季文子：鲁国大夫季孙氏，字行父，谥号“文”。

是考虑过的那个样子。所以，孔子说，不必过于谨慎。世界未必是看到的那个样子，但它绝不是想象中的那个样子。

5.21 子曰："宁武子[①]，邦有道则知，邦无道则愚。其知可及也，其愚不可及也。"

【说】在《左传》僖公二十八年至僖公三十一年的记载中，宁武子在不称职的国君卫成公生死攸关的多个场合，都是勇猛向前，发挥了力挽狂澜的作用。宁武子之勇，是其在国君危难之际，敢于担当，有一种舍我其谁的英雄气概。宁武子之愚，是一种知其不可为而为之的愚，而不是在危难时刻装傻以自保的愚。

所以，孔子说："宁武子这个人，在国家政治清明时，显得很聪明。在国家政治混乱时，显得（为国为君）很执拗。他的聪明睿智是别人可以做到的，但他的那种知其不可为而为之的担当，却是别人不能做到的啊。"

其实，孔子自己也是一个宁武子这样的人格高尚的愚者。在礼崩乐坏的时代，孔子为了心中理想周游列国，终其一生，知其不可为而为之。他这种为心中的"道"无畏奉献、牺牲的精神，不也是当时别人眼中的一个"愚"者吗？

5.22 子在陈，曰："归与！归与！吾党之小子狂简，斐然成章，不知所以裁之。"

① 宁武子：卫国大夫宁俞。

【说】孔子六十多岁时，困在陈国三年，当时晋楚争霸，轮番进攻陈国，孔子的处境很差，有时甚至没有饭吃。当时鲁国也不安宁，外交、军事上与吴国常有冲突，幸亏有孔子的学生子贡处理外交、有若参与军事，才侥幸度过危机。也许是子贡、有若的示范作用，鲁国执政的季康子求贤若渴，派人去请孔子的学生冉有。孔子看到自己的学生冉有有了出头之日，想到自己还有那么多有才华的学生，于是高兴地说："回去吧！回去吧！我们那里这些年轻的小伙子，志向远大，文采斐然。我都不知道怎样去指导他们。"

5.23 子曰："伯夷、叔齐[1]不念旧恶，怨是用希。"

【说】孔子说："伯夷、叔齐不记旧日怨仇，所以，别人很少埋怨他们。"

5.24 子曰："孰谓微生高[2]直？或乞醯焉，乞诸其邻而与之。"

【说】孔子说："谁说微生高为人直率？有人向他讨要点儿醋，他自己没有，却向邻居家借来醋，再给人家。"

一般来讲，是，就是是；非，就是非；有，就是有；没有，就是没有。如此才能算是直。孔子大概是责怪微生高没有直接告诉向他讨要醋的人，自己没有醋，说他为人不够直率。

---

① 伯夷、叔齐：孤竹君的两个儿子，父死，互相让位，逃到周文王那里。

② 微生高：孔子弟子，鲁国人。

可以说，就从借醋这个事来看，微生高为人，的确算不上是个直率的人。但是，判别微生高借醋行为是否正当，主要看向他借醋的人与他是什么关系。如果借醋的人与他有亲密关系，他主动代人向别人借醋的行为就是可以理解的；如果向他讨要醋的人是关系不那么紧密的人甚至是陌生人，他借醋的行为就是不可理解的、不正常的。

儒家讲亲亲疏疏、亲疏有别，大意就是如此。同样的行为，面对有的人是正确的，面对有的人是错误的，判别标准就是亲疏有别。

5.25 子曰："巧言、令色、足恭，左丘明耻之，丘亦耻之。匿怨而友其人，左丘明耻之，丘亦耻之。"

【说】孔子说："讨好的语言、讨好的面容、表现得很恭顺的样子，这样的人，左丘明认为可耻，我也认为可耻。隐藏心中的怨恨，表面上表现得和对方很友好，这样的人，左丘明认为可耻，我也认为可耻。"

孔子如此评价左丘明、赞美左丘明、向左丘明看齐，反映出左丘明是一位诚实耿直、品德优良的人。

5.26 颜渊、季路侍。子曰："盍各言尔志？"

子路曰："愿车马衣轻裘[①]，与朋友共，敝之而无憾。"

---

① 车马衣轻裘：意指出仕为官。

颜渊曰："愿无伐善，无施劳。"

子路曰："愿闻子之志。"

子曰："老者安之，朋友信之，少者怀之。"

【说】有一次，颜渊和子路在孔子身边侍坐。孔子问："各人说说自己的志愿好吗？"

子路说："我愿出仕为官，与志向一致的朋友们共同从事治理国家的事情，就是财尽力竭，也心满意足。"（子路心目中的想法是外王的路子）

颜渊说："我愿意自己多做善事，有长处也不自满，有功劳也不夸耀。"（这是内圣的路子）

子路说："想听听您老人家的志愿呐。"

孔子说："我的志愿很简单。就是让老年人过上安稳日子，朋友之间能够以诚相处，让年轻人得到适当的教养、感怀恩德。"

这是让天下人都能够各得其所，孔子的志愿，听起来那么近人情，那么温暖，那么平凡充实。其实，这就是安于仁的境界，希望社会上的人变得更美好，这不是圣人，谁还能是圣人呢！

5.27 子曰："已矣乎！吾未见能见其过而内自讼者也。"

【说】孔子说："算了吧！我还没有见到过能够认识到自己的错误、并因自己的错误而自我责备的人。"

一个人真正做到自省并非易事。只有真正地自省，才有可能实现自我超越。

5.28 子曰："十室之邑，必有忠信如丘者焉，不如丘之好学也。"

【说】孔子说："十户人家的村子，想找到像我这样忠厚老实的人不难，但是，要想找到像我这样爱好学习的人，就比较难了。"孔子常以自己积极努力学习、不断求取新知的态度，来激励鼓舞他的学生们。

雍也篇第六

6.1 子曰："雍也可使南面。"

【说】孔子说："冉雍可以去做官。"

据我所了解到的信息，在孔门弟子中，较为完整地理解孔子政治学说并对此具有浓厚理论兴趣的只有冉雍一人。还有一个有意思的信息，就是历代学者对孔子这句话解释的变化轨迹。西汉时解释这句话说，冉雍有资格做皇帝。东汉时解释为冉雍可以做诸侯。而到六朝时，将"南面"解释为卿大夫。

6.2 仲弓问子桑伯子。子曰："可也，简。"

仲弓曰："居敬而行简，以临其民，不亦可乎？居简而行简，无乃大简乎？"子曰："雍之言然。"

【说】冉雍提出当时以"简"闻名的子桑伯子（今事迹不详），想看看老师对他的评价如何。孔子说："这个人可以啊，办事简要。”

冉雍说：“内心严肃认真，行事简捷明快，这样治理百姓不也可以吗？如果心里随便散漫，再以轻慢的态度对待人和事，这时的简单不是行事太草率吗？这种‘简’怎么可以呢？”“居敬”是德，“简”靠近无为，“居敬而行简”，是德治的另一种说法。

孔子说：“你说得对。”

复杂的东西，也有其简单的根由。复杂的问题，往往是简单的问题缠绕而成。所以，不识其简单，就不能解其复杂。所谓大道至简，是居高临下的从容，是胸怀全局的优雅，是运筹帷幄的果决。但是，简单并不意味着正确。

6.3 哀公问：“弟子孰为好学？”孔子对曰：“有颜回者好学，不迁怒，不贰过。不幸短命死矣。今也则亡，未闻好学者也。”

【说】孔子与鲁哀公对话时，年龄已经超过七十了，专心为学，不再做官。

鲁哀公问孔子：“你的弟子中谁最好学？”孔子回答道：“有一个叫颜回的弟子最好学。他从不迁怒于别人，也不重犯同样的过错。只是很不幸，他早早去世了。现在再也没听到谁爱好学习了。”

颜回走的是内圣的路子，他的好学，主要是克己的功夫，注重个人内在德行的养成。据说鲁哀公是个昏君，常常迁怒于他人，掩盖自己的错误。孔子在这里强调颜回的特点，大概是想对鲁哀公有所提示。

6.4 子华使于齐，冉子为其母请粟。子曰："与之釜。"

请益。曰："与之庾。"冉子与之粟五秉。

子曰："赤之适齐也，乘肥马，衣轻裘。吾闻之也，君子周急不继富。"

【说】孔子弟子公西华被派到齐国去。冉有要给公西华的母亲送些小米，过来请示孔子。孔子说："给她六斗四升就可以了。"

冉有请求增加。孔子说："再给她二斗四升好了。"可是冉有却给她送去了八十斛。

孔子很生气，说道："公西华到齐国去的时候，骑的是肥马，穿的是又轻又暖的皮袄，他并不穷啊。君子应当雪中送炭，而不是锦上添花。""周急不继富"，的确是自古以来君子所应为。

有一点需要说明，当时冉有在给鲁国的当权派季康子做事，公西华出的是公差。冉有所送之小米，应当是政府的小米，而不是孔子家的小米。

6.5 原思[①]为之宰，与之粟九百，辞。子曰："毋！以与尔邻里乡党乎！"

【说】原思任孔子家的总管，孔子给他小米九百斗，原思认为太多推辞不要。孔子说："不要推辞。有多的就分给你的乡亲们吧。"

---

① 原思：孔子弟子原宪，字子思。

孔子在物质上的计较，还是很朴实的：一是强调物资分配应当雪中送炭而不是锦上添花；二是如果能拿来做好事，那就多多益善。

6.6 子谓仲弓曰："犁牛之子骍且角，虽欲勿用，山川其舍诸？"

【说】冉雍出身贫寒，世居菏泽之阳，人称犁牛氏。虽然出身较低微，但冉雍才华出众，深得孔子赏识。孔子对冉雍说："杂毛的耕牛生下了一身赤毛、两角整齐的俊美小牛，不会被山川神灵舍弃的（意为虽然你出身低微，但只要你勤奋努力，总会派上大用场）。"孔子的意思是，出身贫贱不影响一个人的品行高洁，这是勉励冉雍，不要因为出身卑贱而自贬。后来冉雍为季氏宰。

由此看来，春秋末期，孔子的时候，已经有不问出身、唯才是举的苗头了。

6.7 子曰："回也，其心三月不违仁，其余则日月至焉而已矣。"

【说】在孔子的弟子中，颜回走的是内圣的路子，内心的自我修养，是颜回用功的方向。孔子非常器重颜回，原因就是颜回在用心（探求内心世界）上的功夫。颜回虽然生活上很贫苦，但他并不为此而放松了自己的用功。

孔子说："颜回的心中执着于仁的追求，而其他的学生只是偶尔想到仁而已。”

6.8 季康子问：“仲由可使从政也与？”子曰：“由也果，于从政乎何有？”

曰：“赐也可使从政也与？”曰：“赐也达，于从政乎何有？”

曰：“求也可使从政也与？”曰：“求也艺，于从政乎何有？”

【说】季康子问孔子：“子路可以让他从政吗？”孔子答道：“子路做事果敢，勇于决断，敢于担当，让他从政能有什么问题？”

季康子又问：“子贡可以让他从政吗？”孔子答道：“子贡明于事物之理，通达事理，让他从政能有什么问题？”

季康子接着问：“冉求可以让他从政吗？”孔子答道：“冉求多才多艺，办事能力强，让他从政能有什么问题？”

儒家抱有积极入世的态度，从孔子积极推荐学生入仕，就可以感受得到。

6.9 季氏使闵子骞[①]为费宰。闵子骞曰：“善为我辞焉。如有复我者，则吾必在汶上矣。”

【说】季氏派人请闵子骞去做季氏采邑费地的长官，闵子骞

① 闵子骞：孔子弟子，鲁国人。

说："请你好好替我推辞吧！如果再来找我的话，那我一定就会逃亡到汶水之北（齐国）去了。"

闵子骞品德高尚，从心里不赞成季氏的所作所为，因此不愿意到季氏那里做官。

6.10 伯牛[①]有疾。子问之，自牖执其手，曰："亡之，命矣夫！斯人也而有斯疾也！斯人也而有斯疾也！"

【说】孔子的学生伯牛病了，孔子去看望他。只是从窗户外面握着伯牛的手说："没办法啊，这是命吧！你这样的人竟然会得这样的病！你这样的人竟然会得这样的病！"

想必伯牛得的是传染病，所以孔子不宜入室探望，只是隔窗握了一下手。病毒不会因为一个人品德高尚就不侵犯他啊！

6.11 子曰："贤哉，回也！一箪食，一瓢饮，在陋巷，人不堪其忧，回也不改其乐。贤哉，回也！"

【说】孔子说："颜回太好了！吃的是粗饭，喝的是清水，住在又窄又小的巷子里，要是别人早就愁死了。但颜回还是因体验到真知而快乐无比。颜回太好了！"

自从发现了内心，人生就有了两个向度。以自己的身体为界限，一个是向内的精神世界，一个是向外的物质世界。当然，这

---

① 伯牛：孔子弟子冉耕，字伯牛。

两个世界的和谐、统一，是幸福快乐的根源。至于实践中努力的方向，先秦的儒家已经有了答案。那就是精神世界由自己把握，自己做自己的主人；物质世界交付给命运，身外之物得失随缘。颜回过于纯粹了，只是想努力地把握住精神世界，而没有在外部的物质世界下功夫。

颜回的快乐，当是自然而然地从内心深处流露出来的，是因为获得了对于宇宙和人生真理的体认而生发出来的无限充实之乐。颜回早亡，是个憾事。

6.12 冉求曰："非不说子之道，力不足也。"子曰："力不足者，中道而废。今女画。"

【说】冉求说："我不是不喜欢老师您讲的道理，就是实行起来我的能力不够啊。"孔子说："体力不够的人走到半路上才会不得不停下来，而你却是根本就没有迈出步子啊。"为学之途永无止境。即便以学为业，奔走一生，大约也只是行走在半道上。

6.13 子谓子夏曰："女为君子儒，无为小人儒。"

【说】孔子对子夏说："你要做君子儒，不要做小人儒。"

君子儒与小人儒的区别，一是目标上的"谋道"还是"谋食"的区别，二是行为取向上的"重义"还是"重利"的区别。孔子的意思是，忧道不忧贫，重义不重利，才是君子所为。俗话说，站得高，看得远。有大格局，才能有大作为。格局才是第一位的。

6.14 子游为武城宰。子曰："女得人焉尔乎？"曰："有澹台灭明[①]者，行不由径[②]，非公事，未尝至于偃之室也。"

【说】子游在武城做长官。孔子问他："你在武城识得人才没有？"子游回答说："有一个叫澹台灭明的人，做事非常规矩，为人正直，举止大方，没有公事从来不到我屋里来。"

6.15 子曰："孟之反[③]不伐，奔而殿，将入门，策其马，曰：'非敢后也，马不进也。'"

【说】孔子说："孟之反这个人居功不自夸。战场溃败后撤时，他殿后掩护全军撤退。快进城门的时候，他用鞭子驱赶着自己的马说：'不是我敢于殿后，只是我的马跑得不快。'"

古代历史上，大概是社会制度或文化的原因，一个人在建立功勋以后，只有不居功自夸，才能常保自己的平安。很少人知道这个道理，即使知道，也只有少数的人才能做到。

6.16 子曰："不有祝鮀之佞，而有宋朝之美，难乎免于今之世矣。"

---

① 澹台灭明：姓澹台，名灭明，字子羽。《史记》将其列为孔子弟子。

② 径：依井田制，路在井田之外，井田之内的小道叫径。路人应当守规矩，经过时由路不由径。所谓行不由径，是指知礼、守规矩、自律的人。

③ 孟之反：鲁国大夫。

【说】祝鮀是卫国的大夫，口才好、能说会道、擅长辞令，因为善于逢迎、讨好而受到卫灵公的赏识。宋朝，即宋国公子朝，貌美，在卫国做大夫，私通卫灵公夫人南子，受到南子的宠爱和保护。孔子说："如果没有祝鮀那样的口才，或者没有宋国公子朝那样的美貌，在卫国的世道里，恐怕是很难做事情了。"

这是孔子面对卫国当时的朝局，无可奈何地感叹其世风日下。说卫国统治者喜欢奉承和美色，而不重视仁义道德。

6.17 子曰："谁能出不由户？何莫由斯道也？"

【说】孔子说："谁能不经由屋门而走出房屋？为什么现实中人们的行为不经由道（遵循道的要求）呢？"

孔子认为，道是普遍的，是人人必须遵守的，是人生必由之路。既然是这样，为什么他为了天下的道而奔走呼号，接受他的道理和主张的人，还是那么少呢？这是孔子的疑问，也是孔子的苦闷所在。

6.18 子曰："质胜文则野，文胜质则史。文质彬彬，然后君子。"

【说】这里的文与质，是用于品评人物的。质是一个人的内涵、内在的品质，比如人的天性、能力、素质、修养等。文是一个人的外表、形象，比如容貌、谈吐、行为、举止等。依道理而言，对一个人来讲，文与质互为表里、相辅相成、同等重要、缺一不可。但是，事实上不一定是这样。

孔子说："如果一个人质朴胜于文采，难免粗野。如果一个人文采胜过质朴，难免虚浮。只有文采和质朴相当，才是一个君子应有的模样。"

6.19 子曰："人之生也直，罔之生也幸而免。"

【说】孔子说："人的一生都要正直，不正直的人活着是由于侥幸才免于灾祸。"

人生在世，要堂堂正正地做一个人，走得直、行得正、做得端，光明磊落，将生活的主动权牢牢地把握在自己手中。

6.20 子曰："知之者不如好之者，好之者不如乐之者。"

【说】孔子说："（对于学问和事业而言）知道它的人不如爱好它的人，爱好它的人比不上以之为乐的人。"

一般情况下，在外在的压力下非做不可、被动地学习，达到"知道（会）"的程度，已经不易。受好奇心或争胜心驱使主动地愿意学习，达到精通的程度，那就更难了。至于以学习或做某件事情为乐，则更加难能可贵。

更进一层分析。人若是只是知道什么东西可贵（"知之"），未必肯去追求。如果能"好之"，才会积极去追求。仅仅是好之而追求，人与物还是两个，有时也会因懈怠而背离。只有"乐之"，物才会在人身上生根，人与物一体，而无一丝一毫的间隔。修养到如此境界，才算成功。

孔子注重的是人生境界的追求。人生的最终目的不是取得知识（“知之”），而是要寻找一个安身立命之处（“乐之”），即为自己找到一个身心内外和谐的精神境界，即所谓的“孔颜乐处”。

6.21 子曰：“中人以上，可以语上也；中人以下，不可以语上也。”

【说】孔子说：“对中等资质以上的人，可以对他讲一些抽象的、高深的道理；对中等资质以下的人，不能给他讲抽象的、高深的道理。”

说话讲道理，首先是要讲听话对象能够听得懂的话。方式方法，要因人而异，尽量不要将一套话术用于所有的人。教育也是一样，要因材施教，因人而异。

6.22 樊迟问知。子曰：“务民之义，敬鬼神而远之，可谓知矣。”问仁。曰：“仁者先难而后获，可谓仁矣。”

【说】樊迟问，怎样才能算得上是个智者。孔子回答说：“致力于让老百姓懂得做人做事的道理，让他们知道哪些事情是他们应该做的。认真地对待葬礼和祭祀等仪式，慎终追远，寓教于祭，使民风归于淳朴。知道这些道理的人，才能算是个智者。”

樊迟又问，怎样才能算得上是个仁者。孔子回答道：“遇到难事总抢在别人前面，获取回报的时候总退居别人之后，这样的人能称得上是个仁者。”

我认为，这句话中的“敬鬼神而远之”，孔子原意是讲在祭祀等典礼仪式上的诚心和态度。长期以来，历代解释者都按字面意思理解，存在着普遍的误解，以至于到今天，这句话含义已经变异。

6.23 子曰：“知者乐水，仁者乐山。知者动，仁者静。知者乐，仁者寿。”

【说】水是活泼、灵动的。孔子说“智者乐水”，意思是智者之乐如水。原因是智者之乐由对象而起，对象合意则乐，不合意则苦，所以智者之乐，因物而转，如水随形。

山是厚重、充满生机的。孔子说“仁者乐山”，意思是仁者之乐如山。是因为仁者之乐来自自身，由修身和境界而来，所以仁者之乐，不动如山，随时而化。

智是向外的知解，智向外以成就知识才能。智者之乐是感性的，智者之乐与愉悦的感觉相通，情随物转。仁是向内的沉静，仁向内以显露道德主体。仁者之乐是理性的，仁者之乐与无忧相近，境由心生。

孔子说：“智者之乐如水，仁者之乐如山。智者喜欢动，仁者多沉静。智者如水般快乐，仁者像山一样长寿。”

如果进一步阐发，山与水的关系，山是水之源，孔子这句话，暗含着仁是本。

6.24 子曰：“齐一变，至于鲁；鲁一变，至于道。”

【说】孔子说："如果齐国政治上改善一下，可以达到鲁国的水平。如果鲁国的政治改善一下，就可以达到理想的境界（合于道）了。"

虽然齐鲁相邻，但是，由于不同的历史文化渊源，齐是姜太公的后代，鲁是周公旦的后代，两国的政治文化发展道路并不相同。孔子显然偏爱鲁国，大约因为他是鲁国人，或者由于他的知识和文化积淀最初是由鲁国而来吧。

6.25 子曰："觚[①]不觚，觚哉！觚哉！"

【说】孔子说："这个觚名字叫觚却不像是个觚，这还叫觚吗！这也算是个觚吗！"

这里有孔子的微言大义。孔子的意思是说，不像觚的东西却叫觚，名实不符，办事情没有规矩，怎么不乱套呢！

6.26 宰我问曰："仁者，虽告之曰，'井有仁焉。'其从之也？"子曰："何为其然也？君子可逝也，不可陷也；可欺也，不可罔也。"

【说】在这句话中，宰我以设喻之法，直指仁者困境。宰我问孔子："有一个仁者，别人告诉他：'有仁（人）掉井里了！'他是不是要跟着跳下去（救人）？"

---

① 觚：盛酒的器具，上圆下方，有四条棱角。后来改成圆筒形状，没有棱角了。所以孔子认为觚不像觚了。

孔子答道："为什么要这样做（跟着跳下去）呢？君子听到有人落井的消息，可以马上到井边去想办法救人，但不是自己也要跳到井里去。君子不免会上当受骗，但是不能被愚弄（自己心里一定要明白）。"

6.27 子曰："君子博学于文，约之以礼，亦可以弗畔矣夫。"

【说】孔子说："君子广泛地学习各种文化知识，再用礼节加以约束，如此便会确保个人行进在正确的轨道上（不会离经叛道）。"

6.28 子见南子，子路不说。夫子矢之曰："予所否者，天厌之！天厌之！"

【说】孔子终其一生，在"求仕以弘道"的政治实践方面，是个失败者，但他从来没有放弃过可以从政的机会。

孔子见过卫灵公夫人南子。子路很不高兴，认为孔子有失身份。孔子急了，发誓说："我要是有什么不对的，老天厌弃我！老天厌弃我！"

6.29 子曰："中庸[①]之为德也，其至矣乎！民鲜久矣。"

---

① 中庸：所谓中庸，就是用中，奉行中道。处理事情不偏不倚，无过无不及。

【说】孔子说："中庸是最高的道德标准了！已经很长时间很少有人做到中庸了。"

6.30 子贡曰："如有博施于民而能济众，何如？可谓仁乎？"子曰："何事于仁！必也圣乎！尧、舜其犹病诸！夫仁者，己欲立而立人，己欲达而达人。能近取譬[①]，可谓仁之方也已。"

【说】子贡问："如果一个人能够给大家带来很多好处又能周济大众，这个人怎么样？算得上是个仁者吗？"子贡的提问，很难回答，因为他提的都是外在的条件，而孔子的仁更多的是个人向内的努力。孔子虽不以"济众"作为决定仁的基本条件，但他也不能否认"济众"是仁所要达到的目的之一。

孔子答道："岂止是个仁者，简直就是个圣人了！尧和舜大概都难以做到这些。所谓仁，是一个人自己想要'立'，就要让别人'立'起来；自己想要'达'，就要让别人'达'起来。能够推己及人，设身处地地为他人着想，就是实践仁德的方法。"

孔子的意思是，能"济众"未必是发自内心之仁，而事于仁的人未必能济众。孔子很委婉地指出子贡问的不得要领。孔子指点子贡，实行仁的方法是"己欲立而立人，己欲达而达人"。

① 能近取譬：能够就自身打比方，即推己及人。

述而篇第七

7.1 子曰："述而不作，信而好古，窃比于我老彭[①]。"

【说】"述而不作"中"述"意为遵循，"作"意为创作。孔子说："我（对待经典的态度、解经的方式是）遵循经典的原意而不夹杂自己的意图，（原因是）我笃信往圣先贤、喜好上古之道，就像老彭那样。"

"述而不作"是孔子对自己学问最为清晰的表述，这表明孔子对历史根源性具有相当程度的自觉。概括地讲，孔子的"述"，主要包括三方面：一是从过去的一些事项中找出富有普遍性的共同准则，比如礼原本是原始宗教的人神交接，发展到贵族之间的社会交接，再到孔子这里发展为一般人的行为规范。二是把外在的形式转化为内心的德行，如礼本来是一种外在的形式，而到孔子这里则融入仁，并将仁置于主导地位，从而使外在的礼受到内

① 老彭：人名。

在的心理情感的支配。三是通过个人极具实践性的人格体验与成就，将传统观念提升为根本原理，如“仁”。通过《论语》可以看出，孔子擅长从历史上的人和事中发现新的意义，并加以引申。孔子说自己“不作”，强调自己是“述”，大概是想把自己同凭空捏造历史故事的子虚乌有者区分开来吧。

显然，虽然孔子自称“不作”，但他的“述”本身就是“作”啊！他在解读经典的过程中，自有他自己的价值判断与取舍标准在里面。经过孔子之口的转述，是对历史事实和传统经验更进一层的价值阐释，体现了更高层次的人性自觉。

更为重要的是，他从历史传承中学到的知识，通过他的实践和体悟得到提升，进而深厚，归于博大。比如“克己复礼”，原本是他从古书上学到的对“仁”的解释。《左传·昭公十二年》讲，楚灵王在乾溪受到右尹子革的讽谏之后，几天不吃不睡，以至于遭到灾祸。孔子说：“古也有志：‘克己复礼，仁也。’信善哉！楚灵王若能如是，岂其辱于乾溪？”孔子在这里，对“仁”只是一种解释，算是一个博学者援引来自古书上的知识。然而，在他回答颜渊问仁时，就说：“克己复礼，为仁。”认为克己复礼就是在践行仁。从而将解释性的话语，转变为实践中的方法，使来自古书上的知识，提升为有助于个人发现与成长的路径，进而说出“一日克己复礼，天下归仁焉。为仁由己，而由人乎哉？”这几句话的深意，已经远不是他转引古书上的“克己复礼，仁也”所能比拟的。

可以说，孔子的伟大，就在于他的“述”，通过他的“述”，将古代传承下来的知识，转变为孔子当下活生生的人文精神。或者还可以说，孔子所主张的，绝大多数均已根植于孔子降世千年之前的中国社会中，但是，孔子极大地改造了他所承继的文化资源，赋予这些文化资源以新的生命力。

今天读《论语》，可知夫子所论，无不取自日常生活，无不与生活血脉相连。这就是孔子学说具有强大生命力，对中国社会产生深远影响的原因所在。

7.2 子曰："默而识之，学而不厌，诲人不倦，何有于我哉？"

【说】孔子说："默记并体悟我所看到的听到的，努力学习从不满足，教导别人从不知疲倦，这些事对我来讲有什么难的呢？"

默而识之是孔子为学的一个重要环节，是个人努力向内沉潜的功夫。一个人能做到默而识之，随时随地都是学。一方面通过多见、多闻来默而识之，另一方面通过思齐、从之、自省、自讼来默而识之。这两方面的默而识之，都离不开力行，都与言和行分不开。如此，不管任何地方、任何时候、任何对象，都可纳入到学的范围之内。当然，默而识之里面必有学而不厌的精神在里面。而学而不厌，正是孔子为学修己的总的精神。而诲人不倦，则有更高层次的功夫和德行要求在里面。

7.3 子曰："德之不修，学之不讲，闻义不能徙，不善不能改，是吾忧也。"

【说】孔子说："不修养道德，不讲求学问，闻知正义而不能追随，有缺点或过错而不能改正，这些都是我所忧虑的事情。"

孔子是在勉励弟子，德必时修之，学必时习之，见善则迁，有过则改。那些只重读书而不重德行、只重言谈而不重实行者，去学问之道远矣。

7.4 子之燕居，申申如也，夭夭如也。

【说】孔子在家闲居的时候，仪态温和畅快，悠闲自在。

孔子不仅是使命感很强的圣人，也是热爱生活的普通人。闲居之时，也是休闲随性，贴近生活本真。

7.5 子曰："甚矣吾衰也！久矣吾不复梦见周公。"

【说】孔子说："我年老体衰得很厉害，我已经好久没有梦到周公了。"这是孔子对其理想不能实现的哀叹，垂垂老矣，人生行将走到尽头，对理想仍念念不忘，令人惋惜慨叹。

7.6 子曰："志于道，据于德，依于仁，游于艺。"

【说】这句话，是孔子对教学规律的总概括。

孔子说："以道为志向，以德为根据，以仁为依靠，游于六艺之中。"大意是，（教育）以行道为理想，以德行为根据，以做人为准则，具备礼、乐、射、御、书、数六艺的智慧和才能。这是全面发展的要求，旨在培养德才兼备之人。

具体来讲，立人首在立志，志于什么？孔子的答案是志于道。这个道泛指天道和人道。据于德，人生在世，以自我的德行修养为根基，使自己的行为举止主动自觉地合于伦理道德的基本要求。依于仁，即从一个真正的人的自觉，来立身行事。游于艺，即具备具体的生活实践对个人各项专业技能的要求。

学以成人的路径：首先是游于艺，在学习做事中明晓道理。其次是学习做人，从人与人相处中体悟道理。在做人做事的实践中，从社会上习得的技术、知识等，会逐渐内化到人的自身，进而展现为人的德行。此时可据于德，反身而诚，自觉地在内心德行上有所期望、有所实现。最后是达到志于道之境，物、事、人、己会通合一。孔子指出的，是一条从实向虚、从现实走向理想的进德修业之路。

7.7 子曰："自行束脩[①]以上，吾未尝无诲焉。"

【说】孔子说："凡是主动给我一点儿见面薄礼的，我没有不教育他们的。"

7.8 子曰："不愤不启，不悱不发。举一隅不以三隅反，则不复也。"

【说】孔子在教学的过程中注重启发，他善于抓住人们容易接受的机会给予提醒。孔子说："一个人如果不是苦苦思索而想不明白、急切求解的时候，我不去开导他。一个人如果不是到了想说而说不出的时候，我不去启发他。如果教给他一个问题，他

① 束脩：古时学生送给老师的报酬，束成一捆的干肉。

不能解决与这个问题相似的其他问题，那么我就不再继续教他新的问题了。”

孔子认为教学过程中应当充分调动学生的积极性、主动性，让他们开动脑筋、积极思考、广泛联想、融会贯通、举一反三，这样才能学得扎实、学得主动。

7.9 子食于有丧者之侧，未尝饱也。

【说】孔子在吃饭的时候，如果有办丧事的人在旁边，孔子从来没有吃饱过。

孔子是一个心地善良的人。他看见有人失去了亲人，内心自然就有悲痛的感觉，就没有吃饭的心思了。孔子的这种自然之举，流露出的是为善之人的恻隐之心。

7.10 子于是日哭，则不歌。

【说】歌唱是孔子日常生活中不可缺少的一部分。如果孔子这一天有出门吊丧等哀戚的事情，他哭过，就会停止歌唱。

孔子是个珍视情操、注重真情的人，他认为哭与歌是两种对立的感情，哭而后歌，将有损于情感的真实和诚挚，所以他坚持哭后不歌。

7.11 子谓颜渊曰："用之则行，舍之则藏，惟我与尔有是夫！"

子路曰："子行三军，则谁与？"

子曰："暴虎冯河，死而无悔者，吾不与也。必也临事而惧，好谋而成者也。"

【说】孔子对颜渊说："如果用我们，我们就展露才华去积极做事、实现理想。如果不用我们，我们就收敛锋芒去安心生活。只有我和你能够做到这样吧。""舍之则藏"藏在哪里？藏在一个有人生价值的、有实际生活立足点的家里。一个孤单的个体，在社会上是无处可藏的。这大概是孔子对颜渊讲的安慰话，因为当时孔子的学生大多有用武之地，只有颜渊专心于学。

子路问孔子："如果让您率领三军，要带谁去呢？"因为子路以勇敢出名，他以为孔子会说带着他去。

孔子说："我不会带赤手空拳就和老虎搏斗、莽莽撞撞没有准备就要过河、死了也不后悔的人。我要的是遇到危险、紧迫的事情能谨慎戒惧、善于谋划，而且能在周详的计划下完成任务的人。"

7.12 子曰："富而可求也，虽执鞭之士，吾亦为之。如不可求，从吾所好。"

【说】孔子说："如果富贵是可以求到的，即使让我去做一个马车夫，我也愿意去做。如果富贵强求不来，我还是去做我喜欢做的事情吧。"长年漂泊，四处碰壁，孔子大概是看开了。事实上，掌握生活的主动权，比什么都重要。

7.13 子之所慎：齐，战，疾。

【说】孔子生平对三件事情最为慎重：斋戒、战争和疾病。

7.14 子在齐闻《韶》，三月不知肉味。曰："不图为乐之至于斯也。"

【说】对于不懂音乐的耳朵来说，再美妙的音乐也是毫无意义的。孔子是懂音乐、爱好音乐并对音乐寄予厚望的人，所以，不能以一个不懂音乐的耳朵，去揣测一个爱好音乐的耳朵。

孔子在齐国听闻《韶》乐之后，三月不知肉味。孔子说："我没想到音乐能够达到如此高的境界，我当时是这样地被吸引到音乐里去了。"

所谓"三月不知肉味"，是说很长时间吃不出肉味，大概是孔子受到《韶》乐巨大艺术魅力的吸引，醉心于《韶》乐而陷入沉湎痴迷状态。

7.15 冉有曰："夫子为卫君乎？"子贡曰："诺，吾将问之。"入，曰："伯夷、叔齐何人也？"曰："古之贤人也。"曰："怨乎？"曰："求仁而得仁，又何怨？"出，曰："夫子不为也。"

【说】卫国国君卫灵公死后，各方利益博弈的结果，他的孙子辄被立为卫君，即卫出公。可是，逃亡在国外的太子蒯聩（辄的父亲）也想回来即位。结果是卫出公辄用武力拒绝了他的父亲蒯聩。当时，孔子的弟子想知道孔子对卫出公的态度。

冉有问："咱们的老师会帮助卫出公吗？"子贡说："我去问

问看。”子贡是个聪明人，他不便直接问孔子，却借用两个历史人物来探听孔子的口气。

子贡问孔子：“伯夷、叔齐是怎样的人呢？”伯夷、叔齐是殷商时期的贤人，他们彼此推让，不肯继位，结果都逃到国外去了。子贡提出这两个人来，就是想看看孔子对他们如何评价，从而打听孔子的态度。

孔子说：“这两个人是仁者啊。”

子贡想把问题搞得更明白一些。说：“那么，他们有什么怨恨不平吗？”

孔子说：“他们想要追求的是仁，他们得到的也是仁。他们会有什么怨恨呢？”

子贡心里明白了。他出来对冉有说：“老师是不会帮助卫出公的。”

在这段对话中，师徒二人之间的交流很默契。既熟悉典故，又对彼此谈论问题的方式了然于胸，意思表达非常到位，子贡对自己下的结论也很自信。可能在当时，运用历史典故来解决现实问题，运用《诗》《书》的言辞表达对一般事物的态度，是一种常见的现象吧。

7.16 子曰：“饭疏食饮水，曲肱而枕之，乐亦在其中矣。不义而富且贵，于我如浮云。”

【说】孔子说：“我整天吃粗饭，喝清水，枕着胳膊睡一觉，这就有很大的乐趣了。那种不是用正当的手段得来的富贵，在我看来实在和浮云一样啊。”

孔子周游列国，现实教育了他，他看开了。这大概是一种无可奈何而安之若素的人生态度吧。

7.17 子曰："加我数年，五十以学《易》，可以无大过矣。"

【说】这是孔子晚年学《易》时的追悔之言，他大概是后悔认真学《易》太晚了。在孔子看来，《易》是周文王隐志避祸时所作，是一本避祸之作。在《易·系辞下》孔子有言"作《易》者，其有忧患乎？"孔子认为，忧患意识始终贯穿《易》，只有永远保持一种忧患意识，才能避祸远害。《史记·孔子世家》载："孔子晚而喜《易》……韦编三绝。"帛书《要篇》："夫子老而好《易》，居则在席，行则在橐。"

所以，孔子晚年学《易》时感叹说："如果再多给我几年时间，让我从五十岁时就开始学《易》，就可以没有大的过失了。"

7.18 子所雅言，《诗》、《书》、执礼，皆雅言[①]也。

【说】为了郑重地进行诗歌礼节的教育，为了给人以正确的概念，孔子在诵读《诗》《书》之际，温恭行礼之时，不再使用平时所讲的方言（土话），改为当时通用的雅言。这种雅言经过孔子及其后学在教学实践中的身体力行和大力推广，逐渐形成了以春秋雅言为基础的读书音。孔子在正式场合推广使用雅言，对

① 雅言：所谓雅言，即当时通用的标准的语言。

语言的统一规范是一大贡献，儒学传播广且远，也与此有关。

7.19 叶公[①]问孔子于子路，子路不对。子曰："女奚不曰：其为人也，发愤忘食，乐以忘忧，不知老之将至云尔。"

【说】叶公苦于不能完全地理解孔子，便问子路："孔子到底是怎样的人呢？"子路觉得难以回答，不知道从哪儿说起。

孔子听说了，便告诉子路说："你怎么不这样回答他，孔丘为人，就是不知疲倦地学习，不知疲倦地传授知识，用起功来连吃饭都会忘记了。他总是那么乐观，快乐得没有忧愁，有人说他快要老了，可他自己一点儿还没有觉得呢。"

"忘食""忘忧""不知老之将至"等都是孔子由自觉自反的责任感而来的人生无限向上的努力。这是孔子对终身从事的事业和乐观向上精神的概括，是他在任何环境下都保持着的精神品质。

7.20 子曰："我非生而知之者，好古，敏以求之者也。"

【说】孔子说："我不是生下来就知道什么的。我不过是喜欢古人积累下来的经验知识，很勤恳、不放松地去追求知识罢了。"孔子把自己学识渊博的原因归结为勤奋和好学，其坦诚之心可鉴。孔子就是这样，常常以自己的虚心，来教育他的弟子们勤奋学习。

① 叶公：楚国大夫。

7.21 子不语怪、力、乱、神。

【说】孔子不谈论怪异、暴力、叛乱、鬼神。

孔子以实践为导向，看重实际问题，不喜欢空论，自始至终冷静地固守本分，不妄言一切常理之外的事物。

7.22 子曰:“三人行，必有我师焉。择其善者而从之，其不善者而改之。”

【说】孔子说:“三个人同行，其中必定有人可以做我的老师。我选取他的优点去学习，如发现他的缺点，则引以为戒并加以改正。”

孔子学无常师，随时随地虚心求教。更可贵的是，他不仅以善者为师，更能以不善者为镜。这对待人处事、修身养性，都是一个提醒。

7.23 子曰:“天生德于予，桓魋其如予何?”

【说】孔子困于宋，宋国司马向魋欲杀之，孔子脱险后，发此感慨。

孔子说:“天让我生有这样的品德，桓魋能把我怎么样!”孔子用这样的话来安慰他的弟子们。

7.24 子曰:“二三子以我为隐乎?吾无隐乎尔。吾无行而不与二三子者，是丘也。”

【说】孔子说："你们以为我对你们有什么隐瞒的吗？我没有什么隐瞒不教你们的，我没有什么不向你们公开的、不与你们交流的。这就是我孔丘的为人。"这是孔子对弟子们的表白。

7.25 子以四教：文，行，忠，信。

【说】文、行、忠、信，是孔子教导学生时所立的科目。孔子在文献、践行、忠诚、守信四个方面教诲弟子。

一般而言，学习知识、矫正行为，在孔子教学过程中是极为重要的内容。不过，重点还是在学生的态度和信念。因为缺乏态度和信念支撑而一时强求的行为，只是不能持久的形式主义。所以，文、行、忠、信，不是四个分割的方面，而是一个统一体。

7.26 子曰："圣人，吾不得而见之矣；得见君子者，斯可矣。"

子曰："善人，吾不得而见之矣；得见有恒者，斯可矣。亡而为有，虚而为盈，约而为泰，难乎有恒矣。"

【说】孔子说："圣人，我没有看到过。能见到君子，我就满足了。"

孔子又说："至善至美的人，我没有见到过。能见到始终如一保持美好品德的人，我就满足了。本来没有却装作有，本来空虚却装作充实，本来穷困却装作豪华，这样的人很难长期保持操守。"

7.27 子钓而不纲，弋不射宿。

【说】孔子钓鱼，但不用渔网捕鱼。孔子射鸟，但不射归巢之鸟。

孔子这种不尽取物的行为，被解释为仁者之心。朱熹评论说："（孔子）待物如此，待人可知；小者如此，大者可知。"

7.28 子曰："盖有不知而作之者，我无是也。多闻，择其善者而从之；多见而识之，知之次也。"

【说】孔子说："有些人什么也不知道就去动笔创作（大概是凭空捏造吧），我不是这样子的。多打听打听，选择好的加以接受；多见识见识，记在心里。这样的知是仅次于'生而知之'的。"这说明孔子具备一个认真负责的学者所具有的尊重史料和选择史料的习惯。

7.29 互乡难与言，童子见，门人惑。子曰："与其进也，不与其退也，唯何甚？人洁己以进，与其洁也，不保其往也。"

【说】互乡这个地方的人大多不懂待人接物的规矩，大家都不愿意与他们交往。但是这个地方的一个年轻人来见孔子，孔子接见并夸奖了他。孔子的学生们都很困惑。孔子说："我是肯定他的进步，不是肯定他的错误。只是指责他人的错误又有什么意义呢？人家虚心自洁来请教我，所以我就肯定他的上进心，而不去抓住他们那个地方以前的错误不放。”人有进取之心就应该鼓励，这句话显现孔子接人待物的宽容。

7.30 子曰：“仁远乎哉？我欲仁，斯仁至矣。”

【说】孔子说：“仁，难道离我们很远吗？我想要仁，仁就来了。只要我想做一个人，我就是一个人了。”

仁，是一个人的本性。一个人只要能够自觉自反，意识到自己是一个人，知道一个人对自己、对他人的责任，那么，就是一个真正的人了。孔子这句话，主要是提醒人们个人道德修养的主观能动性。认真做一个人，全靠自身的努力，与外在的环境、际遇无关。

孔子讲这话的时候，大概已经体验到人生价值系发自人的生命之内。孔子在毕生的道德实践中，终于在生命之内发现了道德的根源，即认识到仁在人的生命之内。

7.31 陈司败[1]问：“昭公知礼乎？”孔子曰：“知礼。”

孔子退，揖巫马期[2]而进之，曰：“吾闻君子不党，君子亦党乎？君取于吴，为同姓，谓之吴孟子。君而知礼，孰不知礼？”

巫马期以告，子曰：“丘也幸，苟有过，人必知之。”

---

① 陈司败：司败一说是官名，一说是人名。

② 巫马期：孔子学生。

【说】陈司败问孔子："鲁昭公知礼吗？"孔子说："知礼。"

孔子走后，陈司败向巫马期作了个揖，向他靠近一步，说："我听说君子不偏袒人，难道君子也偏袒人吗？昭公在吴国娶亲，吴国和鲁国是同姓（意为昭公违背周礼同姓不婚的规定），称她为吴孟子（为隐藏其姬姓的事实）。如果昭公也算是知礼，那么还有谁不知礼呢？"

巫马期将这话告诉了孔子。孔子说："我真是幸运啊。只要有过错，别人就会指出来，让我知道自己错了。"

大概是孔子不愿意直说鲁国国君不知礼吧。还是孔子真的不知道？

7.32 子与人歌而善，必使反之，而后和之。

【说】歌唱是孔子日常生活中不可缺少的一部分。他同别人一道唱歌，如果别人唱得好，他就请别人再来一遍，他自己也跟着唱一遍。

歌唱是人的天性，诗的传承在当时的主要途径就是传唱。那个时代，歌的主要内容就是诗，诗与乐是不分的。看来孔子对于歌，也如同对于一般学问一样，是随地得师，终生学习不倦的。孔子的乐教，即是孔子的诗教。

7.33 子曰："文，莫吾犹人也。躬行君子，则吾未之有得。"

【说】孔子说："语言文采方面，我虽不能过人，但和别人大约相当（不落后于人）。至于求之实践，不事空言，躬行君子之事，我扪心自问，还没有做到。”

7.34 子曰：“若圣与仁，则吾岂敢？抑为之不厌，诲人不倦，则可谓云尔已矣。”公西华曰：“正唯弟子不能学也。”

【说】孔子说：“如果说到圣人和仁人，那么我是不敢当的。不过，（以此为目标）往这方面不知厌倦地努力，教诲别人也从不感到疲倦，这是我可以做到的。”

公西华说：“这（指为之不厌，诲人不倦）正是我们这些弟子做不到的。”

7.35 子疾病，子路请祷。子曰：“有诸？”子路对曰：“有之。《诔》[1]曰：‘祷尔于上下神祇。’”子曰：“丘之祷久矣。”

【说】孔子患病，子路请求向鬼神祈祷。孔子问：“有这回事吗？”

子路回答说：“有的。《诔文》说：‘为你向天上地下的神灵祈福。’”

孔子说：“那么，我一直都在为自己祈福。”

孔子的意思是，福气、运气都在自己，而不在他人（包括神

① 《诔》：哀祭文。

灵），一切都是自己日常所作所为的结果。为人处世尽心尽责就可心安，不是靠任何神灵就可以改变的。

7.36 子曰："奢则不孙，俭则固。与其不孙也，宁固。"

【说】孔子说："奢侈就显得骄傲自大，节俭就显得呆板小气。为人处世与其骄傲，宁可呆板。"

7.37 子曰："君子坦荡荡，小人长戚戚。"

【说】孔子说："君子襟怀坦荡、神定气安；小人则心胸狭隘、患得患失、烦恼忧愁。"原因是君子内心世界平衡，能够实现内心世界与外界环境的和谐一致；小人则内心世界纠结，内心世界与外在环境无法协调、不能谐和。

7.38 子温而厉，威而不猛，恭而安。

【说】孔子为人温和而（因坚持原则）庄重严肃，（因谨言慎行、言出法随）不怒自威而不凶猛，神态谦恭而安详自适。

泰伯篇第八

8.1 子曰："泰伯[①]，其可谓至德也已矣。三以天下让，民无得而称焉。"

【说】孔子说："泰伯可以说是品德最为高尚的人，多次把王位让给他的弟弟季历，老百姓都找不出合适的语言来夸赞他。"

在孔子看来，这种为了天下苍生而不计个人功名富贵的让贤之举，堪称至德。

8.2 子曰："恭而无礼则劳，慎而无礼则葸，勇而无礼则乱，直而无礼则绞。君子笃于亲，则民兴于仁；故旧不遗，则民不偷。"

---

① 泰伯：西周祖先古公亶父的长子。传说他按照古公亶父的意愿，把王位让给三弟季历（周文王的父亲），自己和二弟仲雍避居吴国，成为吴国的始祖。《左传》有记载。

【说】孔子说："对人恭敬但不遵循礼节会疲劳不安，为人谨慎但不遵循礼节会畏缩拘谨，勇猛过人但不遵循礼节会莽撞闯祸，心直口快但不遵循礼节会显得尖酸刻薄。君子厚待自己的亲族，老百姓就会待人仁厚。君子不遗弃故交旧友，老百姓的人情味就不会淡薄。"

在这句话中，孔子连续用了四个"礼"字。所有德行的践行，都有一个度的把握。否则，践行德行的要求过度，效果会适得其反。孔子提出用"礼"来把握这个度的要求，可见"礼"的规范与其他行为规范之间的密切关联性，以及遵守礼仪规范在个人道德修养中的重要性。

8.3 曾子有疾，召门弟子曰："启予足，启予手。《诗》云：'战战兢兢，如临深渊，如履薄冰①。'而今而后，吾知免夫，小子！"

【说】曾子病重，把他的学生们召集到床前，说："看看我的手，看看我的脚，是不是全活儿的？（没有损伤，意为没有受到过刑罚）《诗经》有言：'战战兢兢，如临深渊，如履薄冰。'我就是这样做的啊！从今往后，我知道自己可以免于刑罚了（意为自己即将死去），小子们！"

曾子的意思，是告诉弟子们，只有一生谨慎、小心，才能保全身体，不受刑罚戕害。曾子这句话传递的，是一种人之为人的强烈的忧患意识（至死方休），实质是那个时代人文思潮中，先

---

① 战战兢兢，如临深渊，如履薄冰：出自《诗经·小雅·小旻》。

贤们对人之为人的主体意识以及相应责任感的自觉自反，这种觉悟要求人们要以“战战兢兢，如临深渊，如履薄冰”的态度，小心谨慎地对待和处理一切与自己有关的事情。曾子在临死时，向守候在病床边的学生们，表达了自己对完整无损地保全受之于父母的身体的深深欣慰。

8.4 曾子有疾，孟敬子问之。曾子言曰：“鸟之将死，其鸣也哀；人之将死，其言也善。君子所贵乎道者三：动容貌，斯远暴慢矣；正颜色，斯近信矣；出辞气，斯远鄙倍矣。笾豆之事，则有司存。”

【说】曾子病重，孟敬子去探望。曾子对他说：“鸟之将死，其鸣也哀；人之将死，其言也善（意思是告诉孟敬子要重视自己所说的话）。君子应当注重的有三个方面。一是使自己的容貌庄重严肃，这样可以避免别人的粗暴、冒犯和怠慢。二是端正自己的态度，不嬉皮笑脸，让人看起来诚实可靠。三是注意个人的谈吐，言辞要文雅，声调要得宜，避免言语粗野和犯错。至于那些礼仪规程中的一些细节，自有专人负责（不用过多考虑）。”

曾子清楚地知道自己死期已近，于是奉劝孟敬子，重视他所说的话，因为一个人的临终之言是非常重要的。曾子认为，君子在待人接物方面所要重视的有三件事：端庄的容貌、恰当的神情、得体的谈吐。这三件事对人际关系的良性发展至关重要。如果不是这样，就容易产生类似粗鲁、不得体、暴力和敌意等，直接导致人际关系的减弱甚至解体。

在孔子的弟子中，颜渊死后，大概只有曾子最有资格代表孔子的学问。尽管曾子在孔门弟子中年幼，天资又不高（“参也鲁”），但曾子非常专注。曾子尤其注重身体力行，别人当作一句话，而他要当作一件事情干。为学如此，非常了不起。

8.5 曾子曰：“以能问于不能，以多问于寡；有若无，实若虚，犯而不校。昔者吾友尝从事于斯矣。”

【说】曾子说：“自己有才能却仍然向才能不如自己的人请教，自己知识广博却仍然向知识较少的人请教，自己有学问却像没有什么学问一样，自己满腹知识才华却像什么也没有一样，即便被人冒犯，也不去计较，像什么事儿都没有发生一样。从前我的一个朋友（指颜回）就是这样做的。”

曾子介绍颜回，说他博学多才，却仍然向他人、甚至是向在学问上不如他的人请教，这当然是颜回好学的表现。任何人，只要他掌握着自己不知道的、自己想要了解的知识和技能，就应当积极地向他请教、学习，这才是正确的求学态度。

8.6 曾子曰：“可以托六尺之孤[①]，可以寄百里之命[②]，临大节而不可夺也。君子人与？君子人也。”

【说】曾子说：“可以将幼小的国君托付给他，可以将国家的

① 六尺之孤：古人常以身高指代年龄。六尺之孤，指十五岁以下失去父亲的孤儿。

② 百里之命：指国家政权、国家命运。

命运交付给他，就是在生死存亡的关头也休想改变他的志向。这样的人是君子吗？是君子啊！”

从曾子的话中可以看出古人的志节（志向节操），这里面包括人格独立意识和对社会的责任心。坚持独立的人格，不随风摇摆，不屈服于权贵。有社会责任心，不会忘记自己对社会应尽的一份责任。古人的志节，是“士可杀不可辱”，也是“以天下为己任”。

8.7 曾子曰：“士不可以不弘毅，任重而道远。仁以为己任，不亦重乎？死而后已，不亦远乎？”

【说】曾子说：“读书人不可以不心胸宽广、志向远大、意志刚毅。因为读书人肩负着重大使命且路途遥远。以天下归仁为己任，难道这个担子不重吗？终身奋斗至死方休，难道这个路途不是很遥远吗？”

人之为人，人的自觉，当人知道自己作为一个人，对自己、对他人、对这个社会的责任和义务以后，便会对生命产生一种深深的敬畏感。生命的责任是无限的，个人的努力也只能是无限的！曾子这句话讲得好，令人增意气、开胸襟。

8.8 子曰：“兴于诗，立于礼，成于乐。”

【说】站在社会的角度，这三句话简要地概述了孔子对文化理想、社会政策和教育程序的看法。一个社会之所以能够成为一个社会，将人们凝聚在一起的基本思路，在孔子看来，就是兴于诗，立于礼，成于乐。拿今天的话来讲，兴于诗，就是从民间的诗歌中，来探知国风民风（类似于调查研究）。知道了世情民愿，就可以对之加以损益，制订礼仪规范来倡导、约束人们的行为，使整个社会步调一致、思想统一，这就是立于礼。至于成于乐，因为礼仪的实行需要一些强制性措施，为了中和这些强制手段，需要解决人们的心理认同问题。人们心理上认同了，礼仪得到遵守和奉行，社会自然就协调一致。而解决人们心理认同的手段，主要是乐。古人讲“大乐与天地同和”，就是这个意思。

中国古代的社会文化和教育，是以诗书礼乐为根基的。教育的主要工具，是文学艺术。文学艺术的作用是以情感人，潜移默化地培养社会民众的性格品德。尤其是诗，最能打动人心、陶冶人的性灵。而礼的作用，是维护社会生活秩序的条理性，在和谐的群体生活中，使万物昭然有序。而乐，则涵养着共同的文化群体内心的和谐与团结。

进一步，诗书礼乐，这些超越物质世界的东西，为现实的人生带来更深一层的意义和美好。礼乐使生活中最实用、最物质的东西，包括衣食住行及日用器具，都升华进端庄流丽的艺术领域。看看那些出土的精美艺术品，无不涵养着民族的天地意识、生命情调，以及社会的权威与亲和力。

站在个人的角度，孔子将诗、礼、乐当作个人修养增进过程中的历程，这应当是他个人实践经验的深刻反省与提炼。由诗到礼到乐，一个人格升级的精神层级，像指路的明灯，就摆在人们面前。孔子远远超越了他所处的时代。

8.9 子曰："民可使由[①]之，不可使知[②]之。"

【说】据廖名春（《孔子其人其书——以〈论语〉误读为中心》，《人文天下》2015年4月刊，第19页）考证，孔子的本意是，民可使迪之，不可使折之。

孔子说："对于老百姓，只能去引导他们、教育启发他们，而不能用强力去逼迫他们臣服。"

利益引导、思想教育、武力强迫，是将一个社会组织起来的办法。这三种方法也可以综合起来使用。孔子这句话涵盖了这三种方法。孔子的主张是，尽量用利益引导、思想教育的方法将社会团结起来，尽量不要使用武力强迫的办法。这一主张与孔子一贯的思想是一致的，所以，"民可使迪之，不可使折之"这一解释是可信的。

8.10 子曰："好勇疾贫，乱也。人而不仁，疾之已甚，乱也。"

【说】孔子说："好勇逞强却厌恶贫困的人，因好勇而敢于挑战社会秩序，因疾贫则无法忍耐贫穷的生活，所以他们肯定会为祸社会，引发混乱。对不仁的人憎恶过分，也会引发这些人的反弹，引发社会混乱。"

有什么办法呢？一是对人性的弱点给予善意的宽容、包容；

---

① 由：是"迪"的通假字。

② 知：是"折"的通假字。

二是社会给人以希望，让人看到按照正当途径通过个人努力能够改善生活的希望。

8.11 子曰："如有周公之才之美，使骄且吝，其余不足观也已。"

【说】孔子说："一个人即便有周公那样的才华，如果他既骄傲又吝啬的话，这个人也是不值一提的。"

恃才傲物之人，对社会现实少了一份关怀和进取。而吝啬之士，太过于计较个人得失，缺乏对大众的博爱和热情。如果一个人兼具这两个缺点，即便他有周公那样的才华，也不会有周公那样的积极用世之心，这种人对社会没有贡献。所以孔子说他们不值一提。

古人讲德才兼备，用意不是德才并列，而是要以德统才的。

8.12 子曰："三年学，不至于谷，不易得也。"

【说】孔子说："读书三年，没有去做官求俸禄，这种人是难得的。"孔子慨叹当时能够专心治学而不思功名利禄的人不可多得。孔子大概认为，读书三年，知识和能力积攒还不够，只有那些能够沉下心来，刻苦努力积攒知识和能力的人，将来才会有大的作为。

8.13 子曰："笃信好学，守死善道。危邦不入，乱邦不居。天下有道则见，无道则隐。邦有道，贫且贱焉，耻也；邦无道，富且贵焉，耻也。"

【说】孔子说："坚定地相信我们的理想和信念（道德），努力学习它，誓死捍卫它。"孔子认为，知识和道德都要通过学习来获得。只有通过学习才能提高道德认识，加深道德情感，完善道德修养。然后才能将道德行为坚定地付诸实践，实现人之为人的社会价值和社会意义。

孔子说："不进入危险的国家，不居住在动乱的国家。天下有道，就出来从政；天下无道，就隐居不仕。国家政治清明时，而自己贫穷鄙贱，是耻辱（因为个人没有做出应有的贡献）；国家政治黑暗时，而自己富有显贵，也是耻辱（因为个人在扶助邪恶、与之同流合污）。"

8.14 子曰："不在其位，不谋其政。"

【说】孔子说："不在那个位置上，就不考虑那个位置上的政务。"在儒家思想中，"位"是名，"政"是分。"不在其位，不谋其政"，意为没有那个"名"，就不要去承担那份责任和义务。意思是人要安分守己。

8.15 子曰："师挚之始，《关雎》之乱，洋洋乎盈耳哉！"

【说】孔子曾经这样称赞："从音乐家师挚所奏的序曲开始，到最后演奏《关雎》这个乐章，耳朵里充满美妙的歌声。"

8.16 子曰："狂而不直，侗而不愿，悾悾而不信，吾不知之矣。”

【说】孔子说：“狂妄而不直爽，幼稚无知而又不谨慎，看上去老实厚道却不守信用。不知道世上为什么会有这样的人。”孔子慨叹世风日下。

这是孔子对一些虚伪的、不可理喻的人提出的批评。一般而言，狂妄的人都比较直爽，如果一个人表现狂妄但不直爽，那么这个人有可能是一个很有心思的傲慢的人。无知而不谨慎的人常见，由于认知偏差，不少人越是无知越是无畏，无知者无畏是常见的现象。外表厚道却不守信用的人多见于乡野民间，是教化缺失的缘故。

8.17 子曰：“学如不及，犹恐失之。”

【说】孔子说：“我学习的时候，老怕赶不上，又怕学了丢掉。”

这句话描绘出一个兢兢业业、孜孜不倦地追求学问的人，这个人就是孔子自己。他在抒发一种唯恐学不到、唯恐学不会的紧迫感，并以此来激励他的弟子们。

8.18 子曰：“巍巍乎，舜、禹之有天下也而不与焉。”

【说】孔子说：“多么高大啊！舜、禹得到了天下，却不以天下为私有。”

孔子是在称赞舜和禹，不以天下为己有，而以“天下为公”的做法。

8.19 子曰：“大哉尧之为君也！巍巍乎，唯天为大，唯尧则之。荡荡乎，民无能名焉。巍巍乎其有成功也，焕乎其有文章！”

【说】这句话是孔子赞美尧帝经天纬地。孔子说：“真是伟大崇高啊！尧这个国君。只有天是万事万物的本原，只有尧能像天一样普照众生。尧的恩德是多么的广大啊！老百姓们真的不知道怎样来赞美他。真是崇高啊，尧的丰功伟绩！他留给后世的礼仪制度，真的是光焰万丈啊！”

8.20 舜有臣五人而天下治。武王曰：“予有乱臣十人[①]。”孔子曰：“才难，不其然乎？唐虞之际，于斯为盛。有妇人焉，九人而已。三分天下有其二，以服事殷。周之德，其可谓至德也已矣。”

【说】舜有五位贤臣，就能治理好天下。周武王曾说：“我有十位能够帮助治理天下的贤臣。”孔子说：“人才难得，难道不是这样吗？唐尧和虞舜时代以及周武王时期，人才最盛。而周武王时期十位贤才中还有一位妇女，实际上只有九人。”孔子的意思，得人才者得天下。

---

① 乱臣十人：十个治理国家的大臣。出自《尚书·周书·泰誓中》。

孔子说："周文王时期天下三分之二已经归周，但周仍然服从殷商，周的道德，可以说是最高的了。"在孔子看来，礼的卑让精神，是使社会、政治得以安定的重大因素。所以孔子称周为至德。

8.21 子曰："禹，吾无间然矣。菲饮食而致孝乎鬼神，恶衣服而致美乎黻冕，卑宫室而尽力乎沟洫。禹，吾无间然矣。"

【说】孔子说："对于禹，我是没有什么话可批评了。他自己的饮食非常简单但祭祀祖先时祭品却非常丰厚（敬祖），他自己平常穿的衣服很简朴但祭祀祖先时却穿得很华美（崇礼），他自己的宫室很普通却把财力都用在农田水利上（爱民）。对于禹，我确实找不到任何一点儿不同的意见了。"

孔子的意思，禹是为君者的楷模，禹是一个完美的国君。

子罕篇第九

9.1 子罕言利，与命与仁。

【说】孔子很少谈到“利”，但他敬畏天命、赞许仁德。

儒家很少谈论“利”，而天命和仁德，是他们立言的根本。

9.2 达巷党人曰：“大哉孔子！博学而无所成名。”子闻之，谓门弟子曰：“吾何执？执御乎？执射乎？吾执御矣。”

【说】孔子是一个博学多能的人。在孔子居住地附近有一条达巷，巷子里的老百姓这样传说：“孔子真伟大！他学识渊博，不能用某方面专长来赞誉他。”孔子听说了，便谦虚地对弟子们说：“我会什么呀，我会驾车呢？还是会射箭呢？我会驾车罢了。”

当时有六种本领（即六艺）是一个儒者必须掌握的，即礼仪、音乐、射箭、驾车、识字、计算。在这六种本领中，驾车被认为是最低下的一种，所以孔子谦虚地只承认自己的这项本领。

9.3 子曰：“麻冕，礼也；今也纯，俭，吾从众。拜下，礼也；今拜乎上，泰也。虽违众，吾从下。”

【说】这句话讲的是孔子在从众俗还是依古礼之间的取舍态度。孔子说：“用麻绳制成的礼帽，符合礼。但是现在大家都用黑色的丝制作礼帽，这样比过去节约些。我赞成大家的做法。”可见，在礼帽制作材料上，即在礼的纯粹的外在形式上，孔子从众俗不依古礼了。

孔子说：“臣下见国君首先要在堂下跪拜，然后再到堂上跪拜。这也是礼。但是现在大家只在堂上跪拜，这是臣下倨傲的表现。我依然先在堂下跪拜，然后再到堂上跪拜。虽然这样违反了大家的做法，但我依然坚持这样做。”孔子的意思，在表示内心恭敬的礼的实质内涵上，他依古礼而不从众俗。

孔子对古礼，有坚持有不坚持，有原则性也有灵活性。取舍的标准，主要是其心理情感。如果是纯粹的外在的仪式、仪规等礼的形式，按照“与其奢也，宁俭”的原则，可以随俗。如果是关系到行礼之人内在的心理情感，那就必须坚持依古礼而不从俗。

9.4 子绝四：毋意、毋必、毋固、毋我。

【说】孔子反对主观地自以为是。他主张要杜绝四种东西：不要妄自臆想；不要个人独断；不要固执己见；不要唯我独尊。“毋意、毋必、毋固、毋我”是个人自我修养功夫。

9.5 子畏于匡，曰："文王既没，文不在兹乎？天之将丧斯文也，后死者不得与于斯文也；天之未丧斯文也，匡人其如予何？"

【说】孔子过匡城，队列中的一个弟子颜列因曾经参与过阳虎进攻匡城的行动而被人识出，被匡人误认为是曾经欺负过匡人的阳虎一伙，把孔子他们包围了起来，不允许他们走动。五天以后，匡人的包围越来越紧，孔子的弟子有些恐慌。孔子镇静如常，他安慰弟子们说："周文王故去以后，一切文化遗产，不是经过我们研究，保存在我们这里么？上天要是真的不要这种文化，那我也就不会掌握这种文化了。如果上天不想灭绝这种文化，我不相信匡城的人，能把我们怎么样！"

9.6 太宰问于子贡曰："夫子圣者与？何其多能也？"子贡曰："固天纵之将圣，又多能也。"

子闻之，曰："太宰知我乎！吾少也贱，故多能鄙事。君子多乎哉？不多也。"

【说】太宰问子贡说："孔夫子是圣人吗？为什么他如此博学多能呢？"子贡答道："这本是上天想让他老人家成为圣人，所以使他博学多能。"

孔子听到了，说："太宰了解我呀！我只不过是小时候家境贫寒、生活艰难，所以学会了很多鄙贱的技艺。一个君子怎么会有这么多的技艺呢？君子不需要学会这些的。"

孔子幼年丧父，家境贫寒，不得不学做粗活谋生。《史记·孔子世家》讲，孔子年轻的时候管理过粮仓，掌管过畜牧。年过三十，孔子有了一定的生存能力之后，在家设馆教学，教授礼、乐、射、御、书、数诸艺为生，间或游走于诸侯之间，寻求传播学问、推行道德主张的机会。

9.7 牢曰："子云，'吾不试，故艺。'"

【说】孔子弟子子牢说："老师曾经说过，他往日没有得到从政的机会，可是他因此学会了各种本领和功夫。"孔子不认为自己是"圣人"，也不承认自己是"天才"，他说他的多才多艺是因为年轻时没有做官，生活比较贫困，所以掌握了许多谋生的技艺。

9.8 子曰："吾有知乎哉？无知也。有鄙夫问于我，空空如也。我叩其两端而竭焉。"

【说】孔子说："我知道什么？我什么也不知道。有人来问我，我对他的问题本来一点儿也不知道，但是我一定要搞清楚问题的由来和去处，我尽我的力量帮助他寻找解决问题的线索。"

孔子一贯虚心，诚恳待人。一般而言，掌握了问题的由来和去处，问题的答案自然就清楚了。

9.9 子曰："凤鸟[①]不至，河不出图[②]，吾已矣夫！"

---

① 凤鸟：凤凰，传说中的一种神鸟。凤鸟出现意味着圣王出世。

② 河不出图：传说圣人受命，黄河就会出现图画。

【说】这是孔子晚年壮志难酬、对世道失望而发出的感慨。

孔子说："凤凰不来，河图不现。世道似无清明之望，我这一辈子也就这样了吧！"

9.10 子见齐衰者、冕衣裳者与瞽者，见之，虽少，必作；过之，必趋。

【说】孔子是非常富有同情心的，又对礼制充满尊重。他见到穿孝服的人、穿礼服戴礼帽的人、盲人，即便是年轻的，也一定会站起来。经过这些人身边时，一定会轻声快步地走过去（不想影响到他们）。这是孔子日常为人处世的态度。

9.11 颜渊喟然叹曰："仰之弥高，钻之弥坚。瞻之在前，忽焉在后。夫子循循然善诱人，博我以文，约我以礼，欲罢不能。既竭吾才，如有所立卓尔，虽欲从之，末由也已。"

【说】孔子的教育方法有很多特点：因材施教、注重启发、以身作则等。他的弟子颜回曾经这样感叹过："对于老师的知识和道德，往上看吧，越看越高、越远；往里钻吧，越钻越有东西、深不可测。瞧着在前头呢，不觉间又转到后头了。老师总是一步一步地善于诱导啊。以广博的知识丰富我，以规范的礼制约束我，以至于我想停也停不下来。我竭尽全力地跟着他跑，仿佛刚要赶上了，但他又跑到前头了，总是赶不上啊。"

孔子之学，以实践为导向。然而，在孔子的日常平易之处，却有其高深不可及的地方。颜回之叹，尤为传神。

9.12 子疾病，子路使门人为臣。病间，曰：“久矣哉，由之行诈也！无臣而为有臣。吾谁欺？欺天乎？且予与其死于臣之手也，无宁死于二三子之手乎！且予纵不得大葬，予死于道路乎？”

【说】子路与孔子的感情最好。有一回，孔子病得很重，子路叫孔子的其他弟子扮作孔子的家臣，预备料理丧事，想着替他们的老师摆一摆场面。子路及门人弟子仿佛孔子是朝廷的官员，（私自替孔子）摆出官家的场面。其实当时孔子只是一个平民。

孔子病情好转以后，很生气，说：“很久以来子路就会作假了！我没有家臣，你们却装作家臣，想骗谁？骗老天吗？而且我与其死在家臣手里，还不如死在你们几个弟子手里。我纵然得不到以大夫之礼来安葬，难道还要害怕死在路上没人掩埋吗？”

人们都渴望自己的情感能够得以充分的表达。但是，情感应当受到礼制的约束。子路本是好意，他打算用大夫之礼为孔子办丧事，把老师的葬礼办得风光一些，让孔子享受哀荣。但是，当时孔子本身没有资格享受大夫之礼。子路的做法违反了礼制，是一种欺骗和僭越。如果真的按子路的办法来，最后结果只能是让孔子蒙羞。所以，孔子非但不领情，还严肃地指责了子路。

9.13 子贡曰：“有美玉于斯，韫椟而藏诸？求善贾而沽诸？”子曰：“沽之哉！沽之哉！我待贾者也。”

【说】子贡说："我这里有一块美玉，是藏在柜子里呢？还是拿出来让那些识货的商人把它卖掉呢？"孔子说："卖掉吧，卖掉吧！要让我说还是等着那些识货的人来买啊！"

这句话可以看出，孔子想要有用武之地，以推行他的大道。事实是，孔子待贾一生，还是一个政治实践上的失败者。可能是孔子的思想太不符合时代了吧！

9.14 子欲居九夷[1]。或曰："陋，如之何？"子曰："君子居之，何陋之有？"

【说】这句话反映了孔子想要出世退隐的思绪。也许是孔子晚年感叹入世行道之难，又叹出世不易，他自己无法调和进退两难的困境，故而情绪不高吧。又也许，他已经看淡了，忙够了，想休息了。

孔子想要到九夷去居住。有人说："那里偏远、闭塞、落后、简陋，怎么能住呢？"孔子说："有君子去住，怎么会鄙陋呢？"

9.15 子曰："吾自卫反鲁，然后乐正，《雅》《颂》各得其所。"

【说】孔子既把诗歌音乐和教育联系起来，又将这些与政治联系起来，他赋予诗歌和音乐以道德教化的意义。孔子晚年从卫国回到鲁国以后，就把整理当时的诗歌和音乐作为首要的工作。

① 九夷：即淮夷，化外之地。

他曾得意地说："我从卫国回到鲁国以后，《诗经》的乐章才入了正轨，《雅》《颂》各得以归于适当的位置。"

孔子正乐，大概就是恢复以乐配诗的原有状态，将社会上流传的诗三百整理得能上管弦吧。孔子这一工作的规模是宏大的，几乎涉及当时全部流行的歌词和乐谱。也许正是靠孔子的整理、保存，中国古代那部辉煌的诗歌总集《诗经》，才得以保存并广泛地流传开来。这是孔子的贡献啊！

9.16 子曰："出则事公卿，入则事父兄，丧事不敢不勉，不为酒困，何有于我哉？"

【说】孔子说："在外面侍奉公卿，在家里孝敬父兄，遇见丧事尽心尽力地去办，不被饮酒享乐所困扰。这些事情我做得怎么样？"

"出则事公卿"是为国尽忠，"入则事父兄"是在家尽孝。忠与孝是孔子倡导的两个道德规范，孔子本人也是这方面的身体力行者。孔子将政治关系置于家庭关系之前，反映在孔子的时代，现实政治对于个人的影响之大，君臣大于父子。而到《孟子》时，父子关系已经重于君臣关系。这种关系的变化，是社会背景和政治思想重大演进的结果，是人的逐渐解放和社会进步的表现。

9.17 子在川上，曰："逝者如斯夫，不舍昼夜。"

【说】孔子最喜欢水。水，正是孔子那丰盛的不休歇的生命力的象征。孔子在川上说这句话的时候，他心里想的是什么？他要表达的情感是什么？这已经成为千古之谜。因为我们已经没有办法向他直接请教了。甚至我们连孔子在什么样的状况下说的这句话，也不知道。

遥想两千五百多年前的当年，孔子站在一条湍流不息的河边，无限思绪，有感而发，脱口而出的一句话“逝者如斯夫，不舍昼夜”。景与情相互交融，大约会深深地触动在场的弟子们吧。这句话被学生记录下来，传了下去，又被编入了《论语》。

孔子的这句话，流淌着的是对自然人生的咏叹。可以说，在中国的文字里，把握和体验生命的最高境界，一种对无限深广生命意识的自我体悟，应该就在孔子的这句话里。

关于这句话的解读，钱穆在《论语新解》中总结了历史上的三种意见。大体上，如果按照时间顺序，第一种意见是战国到西汉时期，按照“君子比德”的思维模式，视“逝者”为“大化流行”（一切事物无时无刻不在按其规律运动变化），呈现出一往无前、勇猛精进的精神。第二种意见是东汉到南北朝时期，以逝者为时间流逝，认为孔子川上之叹是时光不再、伤逝情怀的流露。第三种意见是北宋以后，儒者从这句话中读出了“生生不息”的“力行”“见道”精神，提倡为学要自强不息、时时省察、无丝毫间断等。

君子比德，即以自然对象之美来比喻、象征君子之美德，是古代先哲们的思维习惯，常见于他们的日常言语中。孔子从湍流不息的水流中把握到了一种德行，即一往无前；并从中获得了一种精神的感召，即勇猛精进。当外在的自然现象触动了孔子内心敏感的那个点，即人生应当拥有的某种价值与德行的“知其不可为而为之”的终生坚持之后，孔子在情感共鸣的情况下发出“逝者如斯夫，不舍昼夜”的感慨，那是再正常不过的。

孔子之后，孟子、荀子等，又在孔子的基础上，衍生出水流更多的德目，如德、义、道、法等。那个时期的文献中，学者们虽跟从孔子（包括老子）等着意从水之德中汲取君子德行方面的滋养，但没有人发现水流与时间的关系，那一时期的文献中水流唯独与时间没有关涉。可以说，就孔子这句话的本意来讲，现有文献资料不支撑孔子讲的“逝者”，与时间流逝有关。

“逝者”与时间扯上联系，最早是东汉末年的郑玄。他在解释这句话时，讲“逝，往也。言人年往如水之流行，伤有道而不见用也”。（王素：《唐写本论语郑氏注及其研究》，文物出版社1991年版）郑玄之后，皇侃的解读中，因袭了伤逝说。在那个时代，临川观水发悲情、哀情、伤逝之情，是魏晋南北朝文人常见的情怀。也难怪，连年饥荒、瘟疫、战乱，走马灯似的政局变幻，以及残酷的政治斗争和血腥镇压，使当时的人们体验到毁灭与空虚，体验到生命的卑微、世事的无常，伤逝之情替代比德思想，凄美替代壮美，是合乎逻辑的走向。

两宋时期，程氏兄弟对此句话的解读，开启了一个新的范式。简单地讲，程颢重在点出体道之功夫似水之流绵密不息，程颐则以道体概括逝者如斯的主题。他们的解读与郑玄以来伤逝、惜时的理解已是不同。程氏兄弟借此悟出的“君子自强不息”之意，倒与先秦儒家有所相通。接着，朱熹在《论语集注》中讲：“天地之化，往者过，来者续，无一息之停，乃道体之本然也。然其可指而易见者，莫如川流，故于此发以示人，欲学者时时省察，而无毫发之间断也。”朱熹之后，王阳明、顾炎武、刘宝楠也持相似的解释。

我想，孔子的本意应当是清楚的。作为一个转述者，我的理解是：孔子站在河边，望着滚滚向前、奔流不息的河水，不由自主地说："大化流行就是这样啊，就像这河水一样，日夜奔腾不停歇。"孔子的言下之意，生命之源无穷无尽，人生就像这河水一样，勇往直前、前行不已、永不停息。这是一个生命中的强者发出的昂扬之音。

9.18 子曰："吾未见好德如好色者也。"

【说】有一次，卫灵公和南子一同坐车出宫游览，宦官雍渠为车右担任护卫。他们让孔子乘第二辆车，招摇过市。卫灵公大概以为这样是对孔子的亲近吧，但孔子却认为这是难堪的侮辱。孔子事后说："我没有见过好德像好色那样的人。"很是厌恶卫灵公，离开了卫国。

9.19 子曰："譬如为山，未成一篑，止，吾止也。譬如平地，虽覆一篑，进，吾往也。"

【说】孔子说："比如用土堆山，哪怕只剩下一筐土就要完成了，如果这个时候他们停下来不做了，我也会离开他们。哪怕是在平地上堆山，虽然只倒下了一筐土，如果他们决心继续干下去，我也会过去帮助他们干。"

孔子此话，是讲他欲从政推行大道时，选择投奔对象的标准。即诸侯有心推行大道，哪怕这个国家基础再差，孔子也会帮助他。如果诸侯没有心思推行大道，哪怕这个国家基础再好，孔子也会离开他。

9.20 子曰："语之而不惰者，其回也与！"

【说】孔子说："告诉一个人如何学习，听了从来也不懈怠的，大概只有颜回了。"

9.21 子谓颜渊，曰："惜乎！吾见其进也，未见其止也。"

【说】颜回死后。孔子谈到他，说："真是可惜啊！我只见到他在学习上不断前进，从来没看见他停止过。"

9.22 子曰："苗而不秀者有矣夫！秀而不实者有矣夫！"

【说】孔子在讲授时，语言往往是含蓄而又富有形象的，既具体又意味深长。孔子看到他的弟子们，有些人虽然不是不可教育但就是不肯努力，有些人很努力却往往不得其道，因此没有成就，便对弟子们说："庄稼有些只长苗而不结穗，有的虽然结穗里面却是空壳不结果实，这些都是有的呢！"

9.23 子曰："后生可畏，焉知来者之不如今也？四十、五十而无闻焉，斯亦不足畏也已。"

【说】孔子说："后生可畏，怎么能知道他们将来的成就超不过我们呢？但是，一个人到了四十岁、五十岁的时候还默默无闻，这样的人就不值得敬畏了。"

9.24 子曰："法语之言，能无从乎？改之为贵。巽与之言，能无说乎？绎之为贵。说而不绎，从而不改，吾末如之何也已矣。"

【说】孔子说："符合礼法的正言规劝，谁能不听从呢？听后改正错误才是可贵的。好听的话，谁听了不高兴呢？只有认真分辨好听话的真伪是非，才是可贵的。否则，只顾高兴而不辨别真伪是非，只是表面听从而不在实际上加以改正，对于这样的人，我也没有什么办法。"

9.25 子曰："主忠信。毋友不如己者。过，则勿惮改。"

【说】孔子说："遵守忠信之德。不要结交那些与自己志向、价值观不同的人。有了过错不要害怕改正。"

此章重出，已见《学而篇》第 8 章。

9.26 子曰："三军可夺帅也，匹夫不可夺志也。"

【说】孔子说："军队可以被他人强行夺去主帅，男子不能被他人夺去志向。"这句话是千古名言，强调人格尊严的至高无上。

孔子意在说明，坚定的志向对人生价值的意义。

9.27 子曰："衣敝缊袍，与衣狐貉者立，而不耻者，其由也与！'不忮不求，何用不臧[①]？'"子路终身诵之。子曰："是道也，何足以臧？"

【说】孔子说："穿着破旧袍子的人与穿着裘皮大衣的人站在一起而不觉得羞惭的，大概只有子路了吧。"的确，子路能够不耻恶衣恶食，说明他的道德修养已经达到较高的程度，所以孔子称赞了他。

子路总是背诵"也不嫉妒，也不贪求；走到哪里，也是好人"这句诗。孔子说："仅仅做到这样，哪里称得上是个好人呢？"不忮不求，只是做人的初步要求。孔子反对他的弟子们在学习上自满。

9.28 子曰："岁寒，然后知松柏之后凋也。"

【说】孔子说："到了一年之中最寒冷的季节，这样才知道松柏是最后凋谢的。"

后人以"松柏之志，经霜犹茂"，比喻君子不因时事而变其节操，称赞其坚贞不移的志节。

9.29 子曰："知者不惑，仁者不忧，勇者不惧。"

① 不忮不求，何用不臧：出自《诗经·邶风·雄雉》。

【说】这是孔子从认知、情感、意志三个角度论述“知、仁、勇”君子三达德的。“不惑”是从认知上说的，即不会受到迷惑、明白事理。“不忧”是从情感上说的，不忧即乐，指仁者之乐。“不惧”是从意志上说的，不惧即勇敢而无所畏惧。三者合而为一，共同构成了一个君子所应具备的德行“知、仁、勇”的表现。孔子说：“智者没有困惑，仁者没有忧虑，勇者没有畏惧。”

在这句话里，表面上看是将“知”“仁”“勇”三者并列，但在孔子的君子观中，是以“仁”来统领“知”和“勇”的。

所谓“勇”，远古时期武士之勇，可用“暴虎冯河，死而无悔”来形容，即那些空手打老虎、徒步过江河式的勇猛果敢之人。《左传·昭公二十年》有“知死不辟，勇也”，古时以不怕死为勇。不惧一死，是武士尊严之所在。但是，到孔子时期，对勇的看法，已经有所转变。《论语·先进》有段对话，孔子对子路说“有父兄在，如之何其闻斯行之？”实际上是要求子路节制勇武，要思考，要听听他人的意见再做决定。孔子对“勇”的态度转变，实际上是受当时社会发展趋势的影响。春秋之前的战事，都是直面决斗、勇力取胜，当时诸侯以至士大夫，均能武事，均以好战为荣。进入春秋之时，权谋之术兴起。那些只能逞一时之勇、只关心战场搏杀的武夫，多数情况下将承受败亡的命运。血淋淋的现实教育当时的人们，战场决战，胜负不再是一时之勇，更重要的是“知”。“知者不惑”意为真正聪明智慧的人，是不会被别人迷惑的。

但是，当“勇”与“知”结合起来以后，结果就是孟子所言的“春秋无义战”。生逢乱世，“知”和“勇”对于一个立身于天地之间的君子来说，是必不可少的德行。否则，个人存活都很困难，何谈要做利国利民的君子？但是，一个完善的人格，仅有“知”和“勇”是不够的。无论谋士还是武士，抑或武士与谋士的结合，都是为达目的不惜以牺牲自己或者他人生命为代价。大约是看到了这一惨酷的真相，孔子重点提出了“仁”，以人之为人、仁者爱人。人一旦有了“仁”心，“知”和“勇”就要受到是非之心的限制，在行动之前就要先有个是非判断，就要事先判断是否应该行动。所以，在“知”“仁”“勇”三者关系中，处于上位的是“仁”。“仁”统领着“知”和“勇”。

9.30 子曰：“可与共学，未可与适道；可与适道，未可与立；可与立，未可与权。”

【说】孔子认为，在人的思考深度上，以及在学习与运用之间的联系上，每个人都有不同的情况。大家在一块儿学习了，但未必都在同样的程度上理解道理。就是在同样的程度上理解了道理，但也未必都有自己的见解。纵然都有自己的见解，但是，未必都能在不同的场合灵活运用那些道理。

9.31“唐棣[①]之华，偏其反而。岂不尔思？室是远而。”子曰：“未之思也，夫何远之有？”

【说】孔子自己读诗，也会通过想象力，从诗中悟出一些道

① 唐棣：唐棣开花与一般的树木开花不同。一般的树木开花是先合后开，而唐棣开花却是先开后合。这四句诗出处已不可考。

理。比如一首诗上说："唐棣树的小白花啊，开开又合上。我不是不想你啊，只因家远路又长。"

孔子说："其实他不是真的想念啊。如果真的想念，还会管路途远不远吗？"这是孔子借题发挥。"我欲仁，斯仁至矣。"只有想或不想，哪里会有远或不远呢？

乡党篇第十

10.1 孔子于乡党，恂恂如也，似不能言者；其在宗庙朝廷，便便言，唯谨尔。

【说】孔子在家乡时，非常谦虚老实、恭顺温和，好像是一个不会说话的人。但是，他在宗庙和朝廷里，对于祭祀和政务，说话很明白畅达，只是比较注意言语谨慎。

10.2 朝，与下大夫言，侃侃如也；与上大夫言，訚訚如也。君在，踧踖如也，与与如也。

【说】他在朝廷上，同下大夫（与孔子同级别）讲话，直爽畅快；与上大夫说话，温和恭敬。在国君面前，则显得恭敬不安，态度严肃，仪容得体。

10.3 君召使摈，色勃如也，足躩如也。揖所与立，左右手，衣前后，襜如也。趋进，翼如也。宾退，必复命曰："宾不顾矣。"

【说】鲁君让孔子去接待宾客，他马上现出庄重的脸色，步伐轻快。他向同他站在一起的人作揖行礼，向左或向右拱手，衣裳随之前后摆动，却显得整齐、很有节奏。他快步向前走时，端着胳膊，好像鸟儿展开了翅膀。宾客走后，孔子一定要向国君汇报说："客人已经不回头了。"

10.4 入公门，鞠躬如也，如不容。立不中门，行不履阈。过位，色勃如也，足躩如也，其言似不足者。摄齐升堂，鞠躬如也，屏气似不息者。出，降一等，逞颜色，怡怡如也。没阶，趋进，翼如也。复其位，踧踖如也。

【说】孔子走进朝廷的大门时，低头弯腰，好像门不能容下他直着身子走进去似的。他站时不站在门的正中（门中央为尊者所立之处）；过门时不踩着门槛。经过国君的位置时，脸色庄重，步伐加快，说话好像中气不足。向堂上走时，提着衣服的下摆，弯腰低头，屏住呼吸。直到从堂上走出来，走下一级台阶，才松开一口气，脸色恢复平和的样子。下了台阶，端起胳膊，好像鸟儿展翅一样，快步向前。回到自己的位置，又是一副恭敬而不安的样子。

10.5 执圭[①]，鞠躬如也，如不胜。上如揖，下如授。勃如战色，足蹜蹜如有循。享礼，有容色。私觌，愉愉如也。

【说】孔子出使别的诸侯国，被接见时，双手拿着玉圭。玉圭虽然不太重，他却弯着腰，低着头，恭敬谨慎，好像是拿不动的样子（表示慎重其事）。他向上举玉圭，像是作揖；向下放玉圭，像是递东西给别人。脸上显现庄重敬畏的表情，两脚用碎步沿着一条直线走。在赠送礼物的仪式中，显得和颜悦色。在私下会见时，显得轻松愉快。

10.6 君子不以绀緅饰，红紫不以为亵服。当暑，袗絺绤，必表而出之。缁衣羔裘，素衣麑裘，黄衣狐裘。亵裘长，短右袂。必有寝衣，长一身有半。狐貉之厚以居。去丧，无所不佩。非帷裳，必杀之。羔裘玄冠不以吊。吉月，必朝服而朝。

【说】孔子穿着上也有一定的讲究。他不用深青透红（祭祀礼服的颜色）或黑中透红（丧服的颜色）颜色的布做衣领或衣袖的镶边，也不用红色或紫色来做平常居家的衣服（因为这两种颜色是国君使用的）。夏天，穿细葛布或粗葛布做的单衣，如果出门里面也一定衬上别的衣服（使皮肉不外露）。冬天，穿羊羔皮

① 圭：上圆下方的玉器。举行典礼时，不同身份的人拿着不同的圭。这里指大夫出国时拿着代表国君的玉圭。

袍配黑色的罩衣，穿小鹿皮袍配白色的罩衣，穿狐狸皮袍配黄色的罩衣。平时在家穿的皮袍做得长一些，但是右边的袖子要做得短一些。睡觉要有被子，长度是本人身长的一又二分之一。用厚厚的狐貉皮做坐垫。服丧期满之后，才可以佩戴各种饰物。不是礼服，不用整幅的布做，一定加以裁剪。不穿黑色的羊羔皮袍、不戴黑色的礼帽去吊丧（古时黑色为吉服）。正月初一，一定要穿着礼服去朝拜国君。

10.7 齐，必有明衣，布。齐必变食，居必迁坐。

【说】斋戒的时候，一定要有专用的干净浴衣，要用布做的。斋戒不吃平常的饮食，不住平常的住处。

10.8 食不厌精，脍不厌细。食饐而餲，鱼馁而肉败，不食。色恶，不食。臭恶，不食。失饪，不食。不时，不食。割不正，不食。不得其酱，不食。肉虽多，不使胜食气。唯酒无量，不及乱。沽酒市脯，不食。不撤姜食，不多食。

【说】孔子吃饭的讲究更多。粮食越精越好，肉切得越细越好。粮食霉烂了，鱼、肉腐臭了，不吃；颜色不好，不吃；气味难闻，不吃；烹调不当，不吃；一年四季各有应时的东西，不到该吃的时候，不吃；不是按一定方法切割的肉，不吃；佐料配得不适当，不吃；席上放的肉虽多，但吃肉的量不超过吃饭的量；喝酒没有限制，前提是不喝醉；从集市上买来的熟肉和酒，不吃；

每餐有姜，不剔除，但不多吃。

10.9 祭于公，不宿肉。祭肉不出三日。出三日，不食之矣。

【说】参加国家祭祀典礼分到的祭肉，不过夜当天就食用。一般祭肉的存放不超过三天，超过了三天，就不吃了。

10.10 食不语，寝不言。

【说】孔子日常的言谈举止也有一定的规矩。他吃饭时不交谈，睡觉时也不说话。

10.11 虽疏食菜羹，必祭，必齐如也。

【说】吃饭时都要先祭祖，即使是粗米饭、蔬菜汤，也要先祭祖，而且一定是恭恭敬敬的。

10.12 席不正，不坐。

【说】坐的席子摆得不正，不坐。

10.13 乡人饮酒，杖者出，斯出矣。

【说】参加乡饮典礼，结束后，一定要等着老年人都走了，孔子再走。可见孔子非常尊重乡里老人。

10.14 乡人傩，朝服而立于阼阶。

【说】本乡人举行迎神驱鬼的仪式时，他总要穿着朝服，恭恭敬敬地站在东南的台阶上。这表现出孔子的认同感，以及对乡规民约顺从的态度。

10.15 问人于他邦，再拜而送之。

【说】托人问候在其他诸侯国的朋友，送别时，一定要向受托者拜两次。

10.16 康子馈药，拜而受之。曰："丘未达，不敢尝。"

【说】季康子听说孔子有病，就给孔子赠送药品，孔子拜谢之后接受了药品。但是，孔子却说："我对药品不了解，不敢尝试服用。"孔子是一个对自己非常负责的人。

10.17 厩焚。子退朝，曰："伤人乎？"不问马。

【说】马棚失火烧掉了。孔子退朝回来，问道："伤人了吗？"不问马的情况怎么样。孔子日常之中也把关爱人放在第一位。

10.18 君赐食，必正席先尝之。君赐腥，必熟而荐之。君赐生，必畜之。侍食于君，君祭，先饭。

【说】孔子身体力行“君君臣臣”。国君赐给熟食，他一定要把席子摆得端正，恭恭敬敬地先尝一尝。国君赐给生肉，一定先煮熟后给祖先上供，让祖宗也沾上光。国君赐给活的东西，一定养起来，不敢杀掉。孔子陪国君吃饭，在国君饭前举行祭礼的时候，他一定先替国君尝食。这是臣下为国君尽忠心的表现。

10.19 疾，君视之，东首，加朝服，拖绅。

【说】孔子病了，国君前来看望，他爬不起来，便按规矩头朝东躺着，身上盖上朝服，摆上朝带。

10.20 君命召，不俟驾行矣。

【说】他一听到国君召见，等不得马车驾好就动身先走。

10.21 入太庙，每事问。

【说】孔子进入太庙，虽然那套礼节他都知道，还是每件事都要问一问。孔子注重在各种实践活动中学习。

此章重出，已见《八佾篇》第15章。

10.22 朋友死，无所归，曰：“于我殡。”

【说】孔子对待朋友也非常仁义。他的朋友死了，没有亲人收殓。孔子说："由我来安葬他吧。"

10.23 朋友之馈，虽车马，非祭肉，不拜。

【说】孔子的朋友送来礼品，只要不是祭肉，哪怕是贵重的车马，他接受时也不会行拜谢礼。

10.24 寝不尸，居不客。

【说】孔子睡觉时不像尸体那样直挺着，平时也不像待客或作客时那样坐着。

10.25 见齐衰者，虽狎，必变。见冕者与瞽者，虽亵，必以貌。凶服者式之，式负版者。有盛馔，必变色而作。迅雷风烈，必变。

【说】孔子看见穿孝服的人，即便是平时相处非常随便、极亲密的熟人，也一定要改变态度。见到戴着礼帽的人和盲人，虽然是平时比较亲近的，也一定要有礼貌。乘车时遇见穿孝服的人，便俯身伏在车前的横木上，表示同情。遇到背负国家图籍的人也是这样，表示敬意。做客时，遇到筵席丰盛，一定改变神色站起来表示谢意。遇到迅雷和大风，也一定改变神色以示对上天的敬畏。

10.26 升车，必正立，执绥。车中不内顾，不疾言，不亲指。

【说】孔子上车时，一定先端端正正站好，然后再拉着扶手带上车。在车上，不回头看，不很急地讲话，不用手指指点点。

10.27 色斯举矣，翔而后集。曰：“山梁雌雉，时哉时哉！”子路共之，三嗅而作。

【说】孔子往山上走的时候，看见一些野鸡。当孔子走近的时候，这些野鸡一度惊吓得飞起，四散开来。一会儿，这些野鸡又降落到孔子周围。看到这一场景，孔子说：“这些山上的野鸡，真识时宜！真识时宜！”不过，当子路也想去接近这些野鸡时，野鸡振振翅膀飞走了。

《论语·乡党篇》较为集中地记录了孔子的饮食衣着、言谈举止，活灵活现地展现了孔子的日常生活，甚至可以说，《乡党篇》是最早的孔子传记。虽然本篇只是对孔子的日常行为等做了一些类型化的简略描述，但是，如果我们细心品味一些细节，还是能够识别出孔子在日常生活中展现出来的仁者形象。

先进篇第十一

11.1 子曰："先进于礼乐，野人[1]也；后进于礼乐，君子也。如用之，则吾从先进。"

【说】孔子说："一个是熟悉礼乐文化的平民，一个是还没有熟悉礼乐文化的贵族。如果要让我来选用人才的话，我赞成选用熟悉礼乐文化的平民。"

在孔子以前，为官者多是世袭。这些靠血缘关系继承官位者，有些可能还没有熟悉礼乐制度。社会发展到孔子所处的时代，各诸侯国已经有一些平民（大概多是一些失位的贵族子孙）因为熟悉礼乐文化、懂得治理之道而入朝为官。这是孔子讲这句话的时代背景。

这句话反映了孔子唯才是举的主张。在春秋末年，有很多祖

① 野人：指平民、在野的人，特别是那些失去世袭特权的没落贵族及其后代。

上出身贵族、但到他们这一代时已经失去贵族资格的平民。由于家族传承，他们熟悉礼乐文化，也被各诸侯、卿大夫所用，凭个人才干做个下级官吏，已经是较为普遍的社会现象。孔子这句话，认为能力大于出身，是务实的态度。在当时，能明确地提出这样的主张，也称得上是开风气之先。

个人能够凭借努力而改变其社会地位，这是社会进步的必然要求。孔子在这方面的贡献主要有两方面，第一是有教无类、因材施教的思想与方法，使社会上的个人在自身德与能上，获得了成长的可能途径；第二是他倡导人可以通过努力掌握知识和才能来改变社会地位。孔子主张占据某一社会地位的人应当具备与这一地位相适应的德与才，没有相应的德与才就不应当占据相应的社会地位。可以说，孔子主张“有德者必有其位”。比如“君子”这一尊称，原是属于社会上一定阶层以上的人的尊称，但在《论语》中，“君子”在很多时候指的是有德之人。孔子将原本属于社会阶层的尊称，改变为任何人通过人格上的努力即可获得的尊称，其进步意义无疑是巨大的。

11.2 子曰：“从我于陈、蔡者，皆不及门也。”

【说】孔子说：“跟随我在陈国、蔡国遭受颠沛流离之苦的弟子们，现在都不在我身边了。”相从于患难之中的弟子都学成出师了，孔子没有忘记他们。

11.3 德行：颜渊，闵子骞，冉伯牛，仲弓。言语：宰我，子贡。政事：冉有，季路。文学：子游，子夏。

【说】孔子曾经粗略地把弟子们按照不同的特长分为四类，并各列举了几个代表人物——德行：颜渊，闵子骞，冉伯牛，仲弓。言语：宰我，子贡。政事：冉有，季路。文学：子游，子夏。

这有点儿像今天学校里不同专业的划分。当然，依现在的标准来看，孔子的划分是不够严谨的。所谓德行，在孔子看来仍然是培养从政的人才；言语，主要包括外交能力、与人打交道的能力；政事，当然包括军事；文学，指的是通晓文献之学。

由于孔子的生活经历和思想上的变化，对于弟子的教育前后也有不同。大概说，早年所收的弟子，以主要培养他们从事政治活动的能力为目标；晚年所收的弟子，以主要培养他们从事文化学术的能力为目标。

11.4 子曰："回也非助我者也，于吾言无所不说。"

【说】孔子说："颜回不是个于我有帮助的人，他对于我讲授的东西，没有不心悦诚服的。"孔子夸赞颜回天资聪明。

11.5 子曰："孝哉闵子骞！人不间于其父母昆弟之言。"

【说】孔子说："闵子骞真是个孝顺的人啊！他父母兄弟称赞他孝顺的话，人们没有什么异议。"

11.6 南容三复白圭[①]，孔子以其兄之子妻之。

【说】因为南容时常诵读关于白圭的诗句，孔子便将他兄长的女儿嫁给了南容。

孔子见南容日常口诵此诗，知道他是个靠得住的人，所以值得托付。此句话呼应《公冶长篇》第2章。

11.7 季康子问："弟子孰为好学？"孔子对曰："有颜回者好学，不幸短命死矣，今也则亡。"

【说】《雍也篇》鲁哀公也有此问。季康子问孔子："你的学生中谁最为好学？"

孔子回答说："有一个叫颜回的学生最为好学，不幸早逝了。现在再也没有像他那样好学的学生了。"

11.8 颜渊死，颜路[②]请子之车以为之椁[③]。子曰："才不才，亦各言其子也。鲤也死，有棺而无椁。吾不徒行以为之椁。以吾从大夫之后，不可徒行也。"

---

① 白圭：出自《诗经·大雅·抑》："白圭之玷，尚可磨也；斯言之玷，不可为也。"意思是白玉上面有污点，尚可琢磨干净；开口说话出了毛病，再想收回可就不行了。此句诗告诫人们要重信诺、言出必行。

② 颜路：颜渊之父，也是孔子的学生。

③ 椁：指套棺，棺中有棺，可有多层。最里层的称为棺，外面的都叫椁。一般享受套棺埋葬的人，都是有身份的人，层数越多，地位越显赫。

【说】颜回死后，他的父亲颜路想把颜回葬得好一些，想买一副套棺。但是颜路买不起，就去请求孔子，想让孔子把大车卖了，去换一副套棺。孔子不同意，只好率直地告诉颜路："不管成材不成材，咱们各自说各自的儿子。我的儿子孔鲤死的时候，也是只有棺没有椁。我没有卖掉车子给他置办椁。没办法！我不能出门不坐车。因为我还要与朝中的大夫来往，我不能跟着他们步行啊。"

11.9 颜渊死。子曰："噫！天丧予！天丧予！"

【说】颜回死了。孔子听到这个消息时说："唉！老天要我的命了！老天要我的命了！"

11.10 颜渊死，子哭之恸。从者曰："子恸矣！"曰："有恸乎？非夫人之为恸而谁为？"

【说】颜回死了。孔子哭得非常悲痛。旁边的人说："你太哀恸了！"孔子说："哀恸吗？这个人死了，再不为之哀恸，我还会为谁哀恸呢？"

11.11 颜渊死，门人欲厚葬之。子曰："不可。"门人厚葬之。子曰："回也视予犹父也，予不得视犹子也。非我也，夫二三子也。"

【说】颜回死了。孔子的弟子们想厚葬他。可是孔子觉得哀悼不应该表现在这上面，而这样做也会于礼不合（颜回的身份是平民），所以孔子就说：“不行。”但是弟子们还是厚葬了颜回。孔子说：“颜回待我像父亲，可是我没能待他像儿子。这是弟子们干的事儿啊，我自己也做不了主了。”

综合上述几章关于颜回死去以后孔子的反应，可以看出，孔子将个人的情感与社会的礼制之间的界限划得很清楚。个人情感无限悲痛，社会礼制必须坚守，这是孔子没有办法的事情。

11.12 季路问事鬼神。子曰：“未能事人，焉能事鬼？”曰：“敢问死。”曰：“未知生，焉知死？”

【说】在孔子的时代，祭祀鬼神是一个重大的现实问题，是宗教政治实践问题。从根本上讲，事鬼神是事人的延伸，事鬼神的目的还是教育人，特别是教育人如何事人，其实就是国家治理问题（《中庸》讲孔子以孝事神之道就是治国的需要）。所以，当子路请教如何服侍鬼神时，孔子回答道：“学习服侍鬼神的方法，就从学习服侍人开始吧！”当子路请教如何理解死亡时，孔子回答道：“还没有理解生，怎么会理解死？”孔子的意思，要子路敬畏生命、珍惜生命，从生命的实践中去领悟。对于孔子而言，他将死亡理解为超越人可以理解的范围之外的东西，持存而不论的态度。

孔子“未知生，焉知死？”这句话影响很大，历代均有不同的解释。早期儒家认为孔子这句话表达着对死亡问题的排斥和回避，因为它对道德教化没有好处。宋代以后的儒家将生死、鬼神看成是宇宙大化流行的组成部分，孔子这句话自然成为看待生死的深层智慧、揭示生死的重要法语。宋代以后儒家一度将孔子塑造成“教主”形象，他们对孔子的解释，已经在很大程度上偏离了孔子的本意。

此外，这段话还可以这样解读。子路问该怎样对待鬼神。孔子说：“对待人还没对待好，谈什么对待鬼神！”子路又问人死了以后怎样。孔子回答说：“活着的问题还没有解决，还管死后做什么？”这种解读反映了孔子看重实际问题，不喜欢空谈。

无论如何解读，以实践为导向的孔子认为，人的一切只能在此生现实的人生中完成。

11.13 闵子侍侧，訚訚如也；子路，行行如也；冉有、子贡，侃侃如也。子乐。“若由也，不得其死然。”

【说】孔子的几个学生侍立于旁。闵子骞显出温和恭顺的样子，子路显出很刚强的样子，冉有、子贡显出温和快乐的样子。孔子很高兴。但孔子又说：“像子路这样，恐怕得不到善终。”孔子认为子路性子太直了，太好强，唯恐他不会有好的结果。老师关爱学生、为学生担忧，是人之常情。

11.14 鲁人为长府。闵子骞曰：“仍旧贯，如之何？何必改作？”子曰：“夫人不言，言必有中。”

【说】鲁国为容纳日渐增长的财物，要改建仓库。闵子骞说：“算了吧。照旧不也挺好吗，何必一定要改建呢？”这话很得孔子的赞许。孔子说：“闵子骞轻易不说话，一说话很中肯。”

11.15 子曰："由之瑟奚为于丘之门？"门人不敬子路。子曰："由也升堂矣，未入于室也。"

【说】古代私学教授弟子，一般在房门内的堂前，处在房门和室门中间。孔子这句话中的"门"，指的就是孔子教授弟子的场所，位于堂前。子路在堂前听孔子讲课，故称其升堂。孔子说："子路弹瑟为什么到我这里弹？"大约是刚强的子路弹瑟似有杀伐之音，孔子听到不高兴。孔子的其他学生误解孔子的意思，于是不尊重子路。孔子又说："子路的学问，已经升堂了，只不过还没有入室罢了。"

孔子在此以"升堂"和"入室"比喻学问达到的境界，正是以空间比拟进学程度的一种修辞方式。后以"入室弟子"比喻得到老师真传、学问或技艺精深者。

11.16 子贡问："师与商也孰贤？"子曰："师也过，商也不及。"曰："然则师愈与？"子曰："过犹不及。"

【说】子贡问孔子："子张和子夏哪个更优秀一些？"孔子回答说："子张有些过头，子夏有些没有赶上。"子贡说："那么是子张更优秀一些吗？"孔子说："过头的和没赶上的，是一样的。"孔子此意，是告诉人们凡事要有一个度的把握。

11.17 季氏富于周公，而求也为之聚敛而附益之。子曰："非吾徒也。小子鸣鼓而攻之，可也。"

【说】季氏比周公还有钱，孔子的弟子冉求还在帮他盘剥百姓、增加他的财富。孔子很是愤慨，他说："冉求不再是我的弟子了！大家敲起鼓来，一起去攻击他吧！"

11.18 柴也愚，参也鲁，师也辟，由也喭。

【说】这是孔子从个人天生的气质和个性方面来评价他的四个学生。高柴愚笨，曾参迟钝，子张偏激，子路鲁莽。

11.19 子曰："回也其庶乎，屡空。赐不受命，而货殖焉，亿则屡中。"

【说】孔子说："颜回的道德学问差不多了，但是他穷得没有办法。子贡不做官而去经商，行情每次都被他猜中。"

颜回以其美德著称，而子贡以其能力出名。颜回和子贡，是孔子学生中的两个代表人物，用后来儒家的话来说，颜回走的是内圣的路子，他是孔子学生中学问修养做得最好的；子贡走的是外王的路子，他是孔子学生中俗世成就最大的一个，甚至达到和诸侯分庭抗礼的地步。

11.20 子张问善人之道。子曰："不践迹，亦不入于室。"

【说】子张问善人（名声好的人）为人处世的方法。孔子说："如果不踩着善人的脚印走，修养就不到家。"

11.21 子曰:“论笃是与，君子者乎？色庄者乎？”

【说】孔子说:“人们总是赞许那些说话稳重诚实的人。但是，这些说话稳重诚实的人，是真君子呢？还是伪装庄重呢？”

11.22 子路问:“闻斯行诸？”子曰:“有父兄在，如之何其闻斯行之？”

冉有问:“闻斯行诸？”子曰:“闻斯行之。”

公西华曰:“由也问闻斯行诸，子曰，‘有父兄在’。求也问闻斯行诸，子曰，‘闻斯行之’。赤也惑，敢问。”子曰:“求也退，故进之；由也兼人，故退之。”

【说】子路问:“听到应当做的事情就要马上去行动吗？”孔子答道:“有父亲兄长在，你不听听他们的意见，怎么能自己听到就去行动呢？”

冉有问:“听到应当做的事情就要马上去行动吗？”孔子答道:“听到应当做的事情就要马上行动。”

公西华说:“子路问，你回答说要征求父亲兄长的意见；冉有问，你就说可以马上行动。我被搞糊涂了，想再问个明白。”孔子说:“冉有平时遇事退缩，所以我鼓励他果断一些。子路平时遇事轻率，所以我叮嘱他要慎重一些。”

因材施教的意义，就在于针对学生的个性特征施予不同的启发教育方法。孔子根据每个学生的性格以及主要优缺点，对学生加以相应的教育，从而帮助他们成长成才。

11.23 子畏于匡，颜渊后。子曰：“吾以女为死矣！”曰：“子在，回何敢死！”

【说】匡城的人因为误会把孔子他们包围起来，不许他们走动。颜回在路上走得慢，掉了队，现在才刚刚赶了上来。孔子见到颜回就迫不及待地说：“我以为见不着你了，我以为你死在路上了。”颜回说：“老师还活着，我们还要做一番事业呢，哪里敢死！”

11.24 季子然问：“仲由、冉求可谓大臣与？”子曰：“吾以子为异之问，曾由与求之问。所谓大臣者，以道事君，不可则止。今由与求也，可谓具臣矣。”

曰：“然则从之者与？”子曰：“弑父与君，亦不从也。”

【说】季氏子弟季子然问道：“子路、冉有他们两个可以说是大臣吗？”孔子回答说：“我以为你是问别人，原来是他们两个啊。所谓大臣，我认为是以合于道的方式去侍奉国君，如果不合乎道，就宁肯不干、辞官不做。子路和冉有呢，只可以说是具备做大臣的条件了。”

季子然接着问：“子路、冉有既为季氏家臣，他们肯定会跟随季氏了吧？”孔子坚定地说：“不一定，如果季氏去弑父、弑君，我想他们两个是不会跟从的。”

孔子在这句话中提出“为臣之道”，在历史上产生了较大影响。所谓“从道不从君”，即道义不该屈服于权力，这是孔子鲜明的主张。从对话中可以看出，孔子对自己的学生能够把持操守底线，还是很有信心的。

11.25 子路使子羔[①]为费宰。子曰："贼夫人之子。"

子路曰："有民人焉，有社稷[②]焉，何必读书然后为学？"子曰："是故恶夫佞者。"

【说】子路是鲁国执政者季氏的家臣，一天，他推荐师弟子羔去做费县的县长。孔子知道后说子路："子羔的学业尚未完成，你这样是在坑害他啊。"

子路反驳说："费县那里有民众，有社稷，无论是管理百姓还是祭祀鬼神，都可以边干边学，为什么非要专心读书才是学习呢？"孔子无言以对，说："我最讨厌强词夺理、油嘴滑舌的人。"

子路和孔子这对师徒，日常还是很有意思的。

11.26 子路、曾皙、冉有、公西华侍坐。

子曰："以吾一日长乎尔，毋吾以也。居则曰：'不吾知也！'如或知尔，则何以哉？"

子路率尔而对曰："千乘之国，摄乎大国之间，加之以师旅，因之以饥馑；由也为之，比及三年，可使有勇，且知方也。"

---

① 子羔：孔子弟子高柴。

② 社稷：社指土地神。稷指谷神。社稷指祭祀土地神和谷神的地方，即社稷坛。古代国都和各地都设立社稷坛，分别由国君和地方长官主祭，所以社稷成为国家政权的象征。

夫子哂之。

“求！尔何如？”

对曰：“方六七十，如五六十，求也为之，比及三年，可使足民。如其礼乐，以俟君子。”

“赤！尔何如？”

对曰：“非曰能之，愿学焉。宗庙之事，如会同，端章甫，愿为小相焉。”

“点！尔何如？”

鼓瑟希，铿尔，舍瑟而作，对曰：“异乎三子者之撰。”

子曰：“何伤乎？亦各言其志也。”

曰：“莫春者，春服既成，冠者五六人，童子六七人，浴乎沂，风乎舞雩①，咏而归。”

夫子喟然叹曰：“吾与点也！”

三子者出，曾皙后。曾皙曰：“夫三子者之言何如？”

子曰：“亦各言其志也已矣。”

曰：“夫子何哂由也？”

曰：“为国以礼，其言不让，是故哂之。”

“唯求则非邦也与？”

“安见方六七十如五六十而非邦也者？”

“唯赤则非邦也与？”

① 舞雩：原是祭天求雨的地方。在山东曲阜境内。

“宗庙会同，非诸侯而何？赤也为之小，孰能为之大？”

【说】孔子善于启发人，也会注意尊重每个学生的个性。孔子的每个弟子爱好不同、认识问题的程度不同，孔子对他们说话时的态度、分寸也有所不同。简单讲，就是孔子在施教的过程中因人而异，因材施教。

有一天，子路、曾皙、冉有、公西华陪孔子坐在一起聊天。据有关考证，以年龄论，当时弟子中子路最大，有四十二岁；曾皙次之，有二十四五岁；冉有二十一二岁；公西华十八九岁。而孔子当时五十一岁。

孔子说：“不要因为我比你们大几岁，就感到拘束。我们不论年纪，有话尽管谈谈。你们平时说没有人赏识自己，我现在倒要问问，如果有人赏识了，有机会了，你们打算怎么做呢？”

子路不假思索地抢着说：“一个拥有上千辆兵车的国家，夹在大国之间受到威胁，加上外国军队的侵犯，人们正在闹饥荒。如果让我治理这个国家，只要三年工夫，可以使人人勇敢善战，而且懂得道义。”

孔子听了，微微一笑。这时就没有人说话了，曾皙正在弹琴。

孔子就问冉有：“冉有，你怎么样？”

冉有看到子路被老师取笑了，有意把志愿说得小一些：“一个六七十里或者五六十里见方的国家，如果让我去治理的话，三年之内，就可以使老百姓都吃上饱饭。至于文化教育，那就只有等更有本事的人来了。”

孔子没有说什么。接着问公西华：“赤啊，该你了。”

公西华不得不更加谦虚了："我不敢说能做什么，愿意学习罢了。宗庙祭祀的工作，或者是诸侯在宗庙会面的时候，我愿意穿上端端正正的礼服，做一个小司仪就行了。"公西华擅长招待宾客，他说的是本分话，孔子听了也没有什么表示。

最后，孔子问曾皙："曾皙，你怎么样？"

曾皙弹琴的声音逐渐稀疏了，接着"铿"的一声，终于停了下来。他放下琴直起身子回答说："我和他们三人不一样。"

孔子说："那有什么关系呢？不过是各自谈谈自己的志向罢了。"

曾皙说："暮春三月，穿上轻便的衣服（脱下沉重的冬装）。和五六个同伴、六七个小朋友到沂水里玩水，在求雨台上再吹吹风，然后一路唱着歌儿回来。我不希望再做什么别的了。"

孔子长叹一声说："我也是这个主意啊！"

这时子路、冉有、公西华都出去了，只留下曾皙。曾皙请教孔子："他们三个人的话怎么样？"

孔子淡淡地回答道："不过是各自谈谈志向罢了！"

曾皙接着问："您为什么笑子路呢？"

孔子说："治国要用礼，礼中最重要的就是谦虚，可是他的话毫不谦虚，所以我笑他。"

曾皙又问："冉有不谦虚吗？难道他讲一个小国家也是大事吗？"

孔子说："怎么见得方圆六七十里或者五六十里的地方就不是国家呢？就不算是夸夸其谈地谈政治呢？"

曾皙再问："公西华总算是谦虚了，他谈的不是国家大事了吧？"

孔子说："宗庙祭祀，诸侯会盟，不是诸侯的大事又是什么呢？公西华说他只能做个小司仪，难道还有更大的司仪吗？"曾皙这才明白了孔子的态度。

总的来说，孔子和弟子们的这场问答交流，说明孔子在引导弟子们对待政事要谦虚谨慎。实际上弟子们对政事还是很热心的。大多数人向孔子求学的初心仍然是要从政谋生活的。后人如果机械地从这场谈话里认定孔子对生活的态度就像在这里说的那样，那只能是误解。事实上，这场谈话以后，孔子依然在积极地参与政事。

颜渊篇第十二

12.1 颜渊问仁。子曰："克己复礼为仁。一日克己复礼，天下归仁焉。为仁由己，而由人乎哉？"

颜渊曰："请问其目。"子曰："非礼勿视，非礼勿听，非礼勿言，非礼勿动。"

颜渊曰："回虽不敏，请事斯语矣。"

【说】颜渊问什么是仁。孔子说："克制自己践行礼，就是仁。一旦做到了克制自己践行礼，天下的人都会称许你是个仁者。做一个像样的人，不靠自己，难道还要靠别人吗？"

颜渊接着问："践行仁的具体途径是什么？"孔子回答说："非礼勿视，非礼勿听，非礼勿言，非礼勿动。"

颜渊明白了，说："我虽然愚笨，我也会按照这些话去做。"

"为仁由己，而由人乎哉？"说明一个人实现仁，是要通过自我反省向内的实践，而非有赖于外在的条件。

如何在日常生活中践行礼？就是孔子说的"非礼勿视，非礼勿听，非礼勿言，非礼勿动”，这四个“勿”大约是“不贰过”之意，因为一般情形下只有视、听、言、动过了，才知道什么是不合礼，知道不合礼，改正了，就不是过错。简单地讲，就是在日常生活中主动地收敛自己的行为使之符合规矩。需要强调的是，克己就是复礼，复礼就是克己，克制自己与践行礼是一回事，不能将它们分成两件事情来看，在克己的同时复礼才叫仁。

孔子在这句话中说：“一日克己复礼，天下归仁焉。”在孔子看来，一个人做到了克己复礼，自然就能向内做到“己所不欲，勿施于人”，向外做到“己欲立而立人，己欲达而达人”。孔子倡导的仁者爱人，是克己复礼自然而然的结果。

依孔子的习惯，根据提出问题的人不同，相应地给出不同的答案。《论语》中显示，颜渊是孔子最为期许的弟子，因此，他对颜渊问仁的答案，应该是最为接近孔子心目中关于“仁”的标准。

12.2 仲弓问仁。子曰：“出门如见大宾，使民如承大祭[①]。己所不欲，勿施于人。在邦无怨，在家无怨。”仲弓曰：“雍虽不敏，请事斯语矣。”

【说】冉雍问仁。孔子回答说：“出门工作好像接待重要的贵宾一样恭敬有礼，役使百姓好像主持重大祭祀典礼一样谨慎小心。自己不想做的，就不要强加给别人。在朝廷上做事不抱怨，在家里做事也不抱怨。”冉雍说：“我虽然愚笨，我也会按照这些

---

① 出门如见大宾，使民如承大祭：见《左传·僖公三十三年》，晋臼季对文公说：“臣闻之，出门如宾，承事如祭，仁之则也。”

话去做。”

孔子回答冉雍关于仁的提问，核心是一个“敬”字。待人接物恭敬谨慎，不强加于人，不怨天尤人，自然就是一个受人尊敬的仁者。细说起来，“出门如见大宾，使民如承大祭”就是所谓的“修己以敬”，这是仁的成己的一面。“己所不欲，勿施于人”将他人视同自己，这是仁的成人的一面。孔子对冉雍的答复是从成己、成人两个方面来说的。

12.3 司马牛[①]问仁。子曰：“仁者，其言也讱[②]”。

曰：“其言也讱，斯谓之仁已乎？”子曰：“为之难，言之得无讱乎？”

【说】司马牛问仁。孔子回答说：“一个仁者，他说话缓慢谨慎。”司马牛问：“难道说话缓慢谨慎就是仁吗？”孔子说：“做起来很难，说起话来为什么不缓慢谨慎点？”

孔子特别注重言行之间的距离，讲求行先言后。这样回答司马牛，意在提醒他改正不好的习惯，目的是指导他在实践中走向仁。

12.4 司马牛问君子。子曰：“君子不忧不惧。”

曰：“不忧不惧，斯谓之君子已乎？”子曰：“内省不疚，夫何忧何惧？”

① 司马牛：孔子学生，姓司马，名耕，字子牛。平常性格多言而急躁。

② 讱：出言迟缓谨慎。

【说】司马牛是司马桓魋的弟弟。《论语》也有记载，孔子到宋国，在大树底下习礼。但是桓魋看不顺眼，就把那棵大树砍掉，将孔子赶走。孔子有句名言“天生德于予，桓魋其如予何？”(《论语·述而篇》)就是在这时讲的。据《左传》载，后来桓魋在宋国谋反，失败后逃难国外，家庭破散。作为小弟的司马牛不赞成、不参与桓魋的行为，一个人出奔在外而投入孔子门下学习君子之道。司马牛因家庭变故，不免常怀忧惧之心。

司马牛问如何做一个君子。孔子说：“君子不忧虑，不恐惧。”司马牛说：“不忧虑，不恐惧，这样就可以叫作君子了吗？”孔子劝慰司马牛：“自己没做错事，问心无愧，还有什么可以忧虑恐惧的呢！”俗话说，不做亏心事，不怕鬼叫门。就是这个意思。

孔子是在引导司马牛，排除不利的心理干扰，对自己的行为与真实自我的认知达到进一步的一致和贯通，从而建立更加积极的心理状态。

12.5 司马牛忧曰：“人皆有兄弟，我独亡。”子夏曰：“商闻之矣：死生有命，富贵在天。君子敬而无失，与人恭而有礼，四海之内皆兄弟也。君子何患乎无兄弟也？”

【说】司马牛忧愁地说：“人人都有兄弟，唯独我没有。兄弟们死的死、逃的逃，全都失散了。”子夏说：“我听说过，死生有命，富贵在天。这些不是个人能够强求的，都是上天的安排。做一个君子，做事严谨不出差错，对人恭敬，合乎礼仪，那么四海之内，都是兄弟了。君子怎么会担心没有兄弟呢？”

这是子夏对司马牛的劝慰之词。这段话中，有两句非常有名，一是“死生有命，富贵在天”，二是“四海之内皆兄弟”。

12.6 子张问明。子曰：“浸润之谮，肤受之愬，不行焉，可谓明也已矣。浸润之谮、肤受之愬，不行焉，可谓远也已矣。”

【说】子张问如何才算是一个明智的人。孔子说：“不知不觉的谗言，切身感受的诽谤，如果在你这里不起作用，你就可以称得上是明智的人。不知不觉的谗言，切身感受的诽谤，如果在你这里不起作用，你就可以称得上是个有远见的人。”所谓明智之士，可以辨真伪、远是非。

12.7 子贡问政。子曰：“足食，足兵，民信[①]之矣。”

子贡曰：“必不得已而去，于斯三者何先？”曰：“去兵。”

子贡曰：“必不得已而去，于斯二者何先？”曰：“去食。自古皆有死，民无信不立。”

---

① 信：《论语》中的“信”，有两种含义。一是指个人操守之信，二是指执政者取信于民的信。前一种信是每个人都应该做到的、是人的德行，后一种信是执政者必须做到的、掌握执政权力的前提条件。所以，“民无信不立”这句话中的信，是取信于民的信，执政者如果不能取信于民，他的政权就很难稳固。

【说】子贡请教为政之道。孔子回答说："要让老百姓有饭吃，让国家有军队保卫，执政者能够得到老百姓的信赖。如此而已。"

子贡接着问："假如迫不得已必须有所舍弃，这三者当中应当先去掉哪一个呢？"孔子说："那就先去掉军备。"意思是，不能因为军备而影响到老百姓的饭碗和政府信誉。

子贡又问："假如迫不得已必须有所舍弃，剩下的两个当中应当再去掉哪一个呢？"孔子说："那就去掉粮食。自古以来，执政者谁都不免一死，但是如果没有老百姓对他的信赖，他就难以立得住。"意思是，执政者不能因为经济问题而采取失信于民的政策措施。

12.8 棘子成曰："君子质而已矣，何以文为？"子贡曰："惜乎，夫子之说君子也！驷不及舌。文犹质也，质犹文也。虎豹之鞟犹犬羊之鞟。"

【说】卫国大夫棘子成说："君子只要有内在品质就够了，为什么要搞花里胡哨的文饰呢？"子贡说："真是遗憾啊！先生您这样来解释君子。一言既出，驷马难追，真是可惜啊！一个人的内在品质与其外在表现是相匹配的，同等重要。可以通过内在品质看出一个人的外在表现，也可以通过外在表现看到一个人的内在品质。如果把内在品质与外在表现区分开来，就像把虎豹和犬羊两类兽皮拔去外在的毛，那么这两类皮革也就差不多了。也就是说假如没有相差别的文饰，内在品质的差别也就得不到体现。"

所以，社会上需要有不同的礼仪规矩等外在的形式，来确立、标识和表达人与人之间身份、地位等的不同。如此方可建立起秩序。

12.9 哀公问于有若曰："年饥，用不足，如之何？"有若对曰："盍彻[①]乎？"

曰："二，吾犹不足，如之何其彻也？"对曰："百姓足，君孰与不足？百姓不足，君孰与足？"

【说】有一天，鲁哀公问有若："年成不好，收入不够，怎么办？"有若答道："为什么不收十分之一的税呢？"

鲁哀公说："收十分之二的税，我还不够呢。十分之一，怎么能行呢？"有若答道："只要老百姓够吃，你还怕会缺少吗？如果老百姓都不够吃，你又去向谁要？"的确是这样啊。

12.10 子张问崇德辨惑。子曰："主忠信，徙义，崇德也。爱之欲其生，恶之欲其死。既欲其生，又欲其死，是惑也。'诚不以富，亦只以异[②]。'"

【说】崇德（提高品德）是孔子的重要思想，辨惑（辨别迷惑）是孔子的重要方法。崇德是一个普遍的原则，辨惑所辨别的

① 彻：西周时期的一种田税制度。《诗经·大雅·公刘》有"彻田为粮"。彻就是从公田中抽取十分之一的田税。

② 诚不以富，亦只以异：出自《诗经·小雅·我行其野》。意思是你这样对待我，即使不是嫌贫爱富，也是喜新厌旧。大概孔子认为嫌贫爱富和喜新厌旧，都是出于自己私情、私欲来决定好恶，所以才引用了这句诗。

迷惑主要是自相矛盾。

子张向孔子请教崇德和辨惑的方法。孔子说："以忠信为主，从义而行，这样就是崇德了。对于同一个人，爱他的时候希望他长命百岁，恨他的时候却希望他尽快死去。既要这个人长寿，又希望他死去，这种自相矛盾就是迷惑。正如《诗经》中所说，'即使不是嫌贫爱富，也是喜新厌旧'。这种出于自己的私情、私欲来决定好恶的做法，就是迷惑啊。"

如果听任于个人的好恶，往往会被自己迷惑。所以，立身处世，应当警惕自己的好恶偏向，以免影响到对是非的判断。

12.11 齐景公问政于孔子。孔子对曰："君君，臣臣，父父，子子。"公曰："善哉！信如君不君，臣不臣，父不父，子不子，虽有粟，吾得而食诸？"

【说】齐景公向孔子请教治理国家的办法。孔子说："国君要像国君（尽国君的义务），臣子要像臣子（尽臣子的义务），父亲要像父亲（尽父亲的义务），儿子要像儿子（尽儿子的义务）。"孔子的意思是，要维持好社会秩序，各人要按各自的名分尽各自的责任。用孔子自己的话来说，就是正名。这是孔子主要的一项伦理和政治主张。

孔子的"君君，臣臣，父父，子子"，强调的是每个社会角色应尽的义务，是什么人就要像什么人，是什么人就要按照什么人的职责来作为。义务是平等的，不是不平等的。义务是双向的，不是单向的。孔子的思想与后世儒家的"君为臣纲，父为子纲"有着根本的区别。

这个主张分明是对统治阶层有利的，尤其是在社会矛盾激化的时期，统治者更是需要这样的主张。所以齐景公听了，很高兴地说："是啊，如果国君不像国君，臣子不像臣子，父亲不像父亲，儿子不像儿子，那么，我就是有得是粮食，还能吃得成吗？"

正名的积极意义，在于恰当地、有效地使用语言。因为语言是人际沟通的手段，只有恰当地、有效地使用语言，人们才能明白在社会共同体中什么样的思想和行为是恰当的、是有意义的，才能明白如何做到彼此之间更好地相处。从这个意义上说，正名是维系社会关系的本质要求。

孔子学说中，正名的方法，概括地讲有三层。一是正名字，即订正一切名字的意义。孔子作《春秋》，"辨物之理以正其名，名物如其真"，做到别异同。二是定名分，目的是辨上下，维护封建秩序。三是寓褒贬，将价值判断通过"名"与"辞"融入记事之中，让人看过以后心生畏惧，从而达到趋善去恶。后人讲，孔子作《春秋》而乱臣贼子惧。孔子的正名思想，在中国思想史上有深远的影响。

12.12 子曰："片言[①]可以折狱者，其由也与？"子路无宿诺。

【说】孔子说："听到单方面的陈述，就急着断案，大概只有子路了吧？"子路做出承诺不隔夜就去兑现。孔子这句话刻画出

---

① 片言：可以释作"单辞"。单辞是专门术语，在司法诉讼中，必须要有控辩双方的陈词方能断案，如果只有某一方的陈词，就叫作单辞。

一个急躁、轻率，但又率直、果敢的子路。

12.13 子曰："听讼，吾犹人也。必也使无讼乎！"

【说】孔子说："审理诉讼案件，我跟大家一样。但一定要使诉讼不发生才好啊！"

12.14 子张问政。子曰："居之无倦，行之以忠。"

【说】子张问怎样处理政事。孔子说："身居官位不懈怠，执行上级的命令要忠心。"

12.15 子曰："博学于文，约之以礼，亦可以弗畔矣夫。"

【说】此章重出，见《雍也篇》第27章。在孔子那里，知识和道德是一回事，所以"博学于文"与"约之以礼"是一回事，不要分成两件事情来看。

孔子说："君子广泛地学习各种文化知识，并将这些文化知识统一到自己的内在德行上，如此学习便能确保个人行进在正确的轨道上。"

12.16 子曰："君子成人之美，不成人之恶；小人反是。"

【说】孔子说："君子成全别人的好事，而不会帮助别人做坏事。小人恰恰相反。"

12.17 季康子问政于孔子。孔子对曰："政者，正也。子帅以正，孰敢不正？"

【说】季康子向孔子请教治理国家的方法。孔子回答说："政就是正啊！你自己能够行得正，谁敢不规规矩矩的？"

"政"亦通"正"。孔子借此阐述了正直、公正、中正的为政理念，建议季康子成为行正道之人，自身要正，为人处世要正，处理政事公正无私，中正无偏。孔子认为，正己才能正人，这一理念揭示出为政者保持自身品德高尚和行为端正的重要性，这也是孔子的德治思想。

孔子德治思想的出发点，是对人的尊重，对人性的依赖。在他的设想中，统治者和统治对象之间，乃是以德相与的关系，而不是靠权力胁迫的关系。理想的状态是，人人各尽其德，养生而遂性，这是政治的目的。而人人各尽其德的前提和关键是，统治者能先尽其德。所以，孔子对季康子说"子帅以正，孰敢不正？"在《论语》中，孔子在答复国君和卿大夫问政时，总是在责备国君和卿大夫，总是在要求国君和卿大夫以身作则。他从没有将政治问题归咎于民众身上。

12.18 季康子患盗，问于孔子。孔子对曰："苟子之不欲，虽赏之不窃。"

【说】季康子怕人偷窃，前来请教孔子。孔子非常干脆地说："那是因为你自己贪得无厌啊，否则就是奖励偷盗，人家也不肯干。"

《说苑·贵德》讲："天子好利，则诸侯贪；诸侯贪，则大夫鄙；大夫鄙，则庶人盗。"古人认为民盗的根源在于在上者贪欲过盛，所以孔子有此言。

12.19 季康子问政于孔子曰："如杀无道，以就有道，何如？"孔子对曰："子为政，焉用杀？子欲善而民善矣。君子之德风，小人之德草。草上之风必偃。"

【说】季康子想杀无道之人来亲近有道之人，以为就可以使社会秩序安定下来。他询问孔子的意见，孔子说："你执政，难道还需要多杀人吗？你坚决行善，老百姓就会从善。做官的德行好比风，老百姓的德行好比草。风吹到草上，草会顺风倒的。"

12.20 子张问："士何如斯可谓之达矣？"子曰："何哉，尔所谓达者？"子张对曰："在邦必闻，在家必闻。"子曰："是闻也，非达也。夫达也者，质直而好义，察言而观色，虑以下人。在邦必达，在家必达。夫闻也者，色取仁而行违，居之不疑。在邦必闻，在家必闻。"

【说】子张问："读书人怎样才可以说是通达？"孔子追问："你所说的通达是什么意思？"子张说："在国家社会上有名声，

在自己家族内也有名声。”孔子说：“你说的这是名声，不是通达。通达的人，本质正直，崇尚道义，知晓事理，能处处为别人考虑，仔细体会别人说的话，仔细观察别人的脸色，时时处处谦让别人。这样的人做什么事情都是适宜的，他们在国家社会上一定能够通达，在家族内也一定能够通达。而只在乎名声的人，表面上讲仁，行为上却违反仁，且能以仁者自居而毫不迟疑（实为欺世盗名之辈），这些人无论是在国家社会，还是在家族内部，一定是徒有虚名。”

《大戴礼记》记载，曾子弟子问通达。曾子说：“不会的要学习，怀疑的就要问，行事要亲近贤人，虽然危险的路，照着贤人的脚步走，就通畅无阻了。”

12.21 樊迟从游于舞雩之下，曰：“敢问崇德、修慝、辨惑。”子曰：“善哉问！先事后得，非崇德与？攻其恶，无攻人之恶，非修慝与？一朝之忿，忘其身，以及其亲，非惑与？”

【说】樊迟陪同孔子在求雨台下散步，乘机求教：“请问怎样提高自己的品德修养，怎样改正过错，怎样辨别是非？”孔子回答道：“问得好！先付出劳动然后再索取收获，这样不就可以提高品德修养了吗？检讨自己的过失，不要去攻击别人的缺点，这样不就会少犯错误了吗？被愤怒冲昏头脑，便不顾自身和双亲，这不是糊涂吗？”

孔子所答，均是针对樊迟个人的缺点有所特指，指示樊迟改正缺点。先事后得、严于律己宽以待人、不逞忿使气、不感情用事，个人修养自然就会好很多。

12.22 樊迟问仁。子曰："爱人。"问知。子曰："知人。"

樊迟未达。子曰："举直错诸枉，能使枉者直。"

樊迟退，见子夏，曰："乡也吾见于夫子而问知，子曰，'举直错诸枉，能使枉者直'，何谓也？"

子夏曰："富哉言乎！舜有天下，选于众，举皋陶，不仁者远矣。汤有天下，选于众，举伊尹，不仁者远矣。"

【说】樊迟问怎样做一个仁者，孔子回答说："仁者爱人。"樊迟又问什么是智，孔子回答说："了解人。"

见樊迟没有理解，孔子又说："选拔正直的人，让他们管理各种奸邪的人，这样就能使邪者归正。"

樊迟出来后，遇见子夏，说："我刚才请教老师，问他什么是智。老师说'选拔正直的人，让他们管理各种奸邪的人，这样就能使邪者归正'。这是什么意思？"

子夏说："这话多么深刻啊！舜管理天下，在众人中选拔人才，选了皋陶，坏人就远离了。汤管理天下，在众人中选拔人才，选了伊尹，坏人就离开了。"

12.23 子贡问友。子曰："忠告而善道之，不可则止，毋自辱焉。"

【说】子贡问应该怎样对待朋友。孔子说："忠言劝告，恰当引导，如果他不听就算了，不要强言相劝自取其辱。"

朋友的前提是平等相待。孔子认为，对待朋友要做到"忠告而善道之"，但要适可而止，不能作过分强求，否则只能适得其反，不但劝导不成，反而会自取其辱，遭到朋友的拒斥和冷落。

12.24 曾子曰："君子以文会友[①]，以友辅仁。"

【说】曾子说："君子会聚朋友时注重言行举止符合礼仪规范，凭借朋友来辅助自己培养仁德。"

曾子认为，朋友交往以礼乐为方式，以仁德为归宿。这是曾子对朋友交往关系的精辟表述。

---

① 以文会友：先秦时期，"文"多指礼乐文化教养，而不是文章学问。所谓"以文会友"，指用礼仪规范约束自己的行为，从而形成一种雍容肃穆的交往情境。《左传》《国语》对先秦士大夫交往细节的记载，都展现了"以文会友"的历史形态。

子路篇第十三

13.1 子路问政。子曰："先之劳之。"请益。曰："无倦。"

【说】子路请教为政之道。孔子说："身为天下先，心为百姓谋。"子路请求孔子再讲明白一些，孔子接着说："这样做下去，永不倦怠，就可以了。"

13.2 仲弓为季氏宰，问政。子曰："先有司，赦小过，举贤才。"

曰："焉知贤才而举之？"子曰："举尔所知。尔所不知，人其舍诸？"

【说】仲弓（冉雍）做了季氏的家相，他向孔子请教为政之道。孔子说："为政以得人为第一要务，要让合适的人掌管具体事务，把权责分清楚，让他们各司其责。要原谅他人的小错误，提拔任用有贤能的人。”

仲弓接着问：“怎么知道哪些是贤才并把他们选拔出来呢？”孔子说：“首先是选拔任用你知道的。至于你不知道的，别人难道会埋没他吗？”

13.3 子路曰：“卫君待子而为政，子将奚先？”

子曰：“必也正名乎！”

子路曰：“有是哉，子之迂也！奚其正？”子曰：“野哉，由也！君子于其所不知，盖阙如也。名不正，则言不顺；言不顺，则事不成；事不成，则礼乐不兴；礼乐不兴，则刑罚不中；刑罚不中，则民无所措手足。故君子名之必可言也，言之必可行也。君子于其言，无所苟而已矣。”

【说】卫出公在位三年，卫国大体上已经安定。这时孔子再次到卫国，卫出公有意请孔子做官。子路便来问孔子：“这次卫国国君请你出来做事，你首先要做什么呢？”

孔子说：“当然首先要正名啊！要让任何人的名义和他的职务完全符合，要让任何事物的名称和它的实际完全符合。”

子路说：“你真是一位迂夫子啊！为什么要去正名？”

孔子不能不加以斥责了：“子路啊，你还是这么粗鲁。君子对他所不懂的事，应该采取存疑的态度。名不符实，讲起话来就别扭。讲话别扭，做事情就做不好。事情做不好，礼乐便提倡不起来。礼乐提倡不起来，刑罚便不公允。刑罚不公允，老百姓就无法安生了。所以我们称呼什么，一定要能说出准确的理由。说准确了，便一定要做到。我们讲任何话，一定不能马虎苟且。”

所谓“名不正”，不取决于名本身，而是取决于名所指向的实。如果名与实相符，则名得其正。如果名与实不符，则名不得其正，就是名不正。进一步讲，作为名正或者名不正所对应的实，不只是指政治结构中规定的那个位置，更是包含对那个位置的要求。所谓“言不顺，事不成”，是指居于位置之上者不能尽到那个位置的要求，只讲大话而不能身体力行、或者说一套做一套、或者干脆只说不做，事情自然干不成。名不正，言不顺，事不成，如此一来，局面就会一团糟。

孔子这句话反映了春秋末期新旧社会变革时代，旧的名称和新的内容不再适合的情况。旧的难以维持，新的还没有取得一致的公认，这个时候当然会觉得名实相符是一个很重要的事情。所以，孔子的政治主张是，想通过“正名”来建设一种公认的是非真伪的标准。但是，社会变动时期，一切还没有尘埃落定之前，要想做到名实相符，基本上是不可能的事情。不是孔子看问题不准确，也不是孔子的想法不正确，而是他的正确想法在现实中实现不了。

13.4 樊迟请学稼。子曰：“吾不如老农。”请学为圃。曰：“吾不如老圃。”

樊迟出。子曰：“小人哉，樊须也！上好礼，则民莫敢不敬；上好义，则民莫敢不服；上好信，则民莫敢不用情。夫如是，则四方之民襁负其子而至矣，焉用稼？”

【说】有一次，樊迟想跟孔子学习种庄稼，孔子说：“我不如老农民。”樊迟又提出向孔子学习种蔬菜，孔子说：“我不如老菜农。”

樊迟出去以后，孔子评论说："樊迟真是个小人啊，想学这些。做官的人爱好礼仪，老百姓就没有敢不恭敬的；做官的人爱好道义，老百姓就没有敢不服从的；做官的人喜好诚信，老百姓就没有敢不用真心实情相告的。如果做一个爱好礼仪、爱好道义、喜好诚信的官员，四面八方的老百姓就会背着小孩来投奔，哪里还需要官员去种庄稼呢？"孔子的愿望是朴素的，他希望学生们将努力方向放在当官做学问上。当时的士人也不学习农业，因为士人是公职候选人，他们学习的重点应该放在如何处理政务、如何影响民众上，而不是种庄稼。

13.5 子曰："诵《诗》三百，授之以政，不达；使于四方，不能专对；虽多，亦奚以为？"

【说】孔子时代的外交习惯，一些流行的诗歌常常会用到国与国之间的交涉上，因为诗歌讲述的道理为共同认可。交涉双方往往借助现成的诗歌来表达意图，而应对的人也必须更巧妙、更敏捷地借用现成的诗歌来对答，这样才算体面。孔子因为弟子可能从事外交工作，所以鼓励他们学习诗歌，但也提醒他们仅会熟背《诗经》是不够的。

孔子说："《诗经》三百首，即便都会背诵了，如果交给你们政务，你们却办不了；让你们出使各国，你们却不能独立谈判，那么背诵再多、再熟，又有什么用处呢？"孔子强调学以致用。

13.6 子曰："其身正，不令而行；其身不正，虽令不从。"

【说】孔子说："居上位者本身言行端正，不用下命令，也能办成事。居上位者言行不正，就是下命令，大家也不一定能信服遵从。"孔子此话意在提醒在位者要注意率先垂范。

13.7 子曰："鲁卫之政，兄弟也。"

【说】孔子在卫国，眼见卫国政局变动，最终卫出公被拥立。孔子决定离开卫国。离开卫国时，孔子评价卫国的政治说："卫国的政治和鲁国的政治，像兄弟一般相差无几，真是难兄难弟啊！"

从历史渊源上讲，卫国的祖先是康叔，鲁国的祖先是周公，周公和康叔是亲兄弟。现在两国政局混乱的情形又差不多，所以孔子语出双关。

13.8 子谓卫公子荆，"善居室。始有，曰，'苟合矣。'少有，曰，'苟完矣。'富有，曰，'苟美矣。'"

【说】孔子在谈到卫国的公子荆时说："他善于治家理财。当他刚开始有点儿财物时，就说差不多够了。当财物稍微再多一些的时候，就说差不多完备了。当财物再多一些的时候，就说差不多是完美了。"孔子表达的意思是，对物质的追求要有限度，知足常乐。

13.9 子适卫，冉有仆。子曰："庶矣哉！"
冉有曰："既庶矣，又何加焉？"曰："富之。"
曰："既富矣，又何加焉？"曰："教之。"

【说】孔子到卫国去，冉有给他驾车。孔子看到人来人往，说："人口已经多起来了！"

冉有问："人口已经多起来了，下一步怎么办呢？"孔子说："让他们先富起来。"

冉有又问："那么富起来以后呢？"孔子说："教化他们。"

治国之道，以富民为先，孔子的意思是很明显的。老百姓饿着肚子的时候，首要的任务是先让他们吃饱饭，富裕起来，然后才是伦理道德教化。显然，孔子的思想是非常务实的。

13.10 子曰："苟有用我者，期月而已可也，三年有成。"

【说】根据《史记·孔子世家》的记载，孔子到卫国，卫灵公郊迎，礼节隆重。孔子对卫国的政治抱有很大希望，但卫灵公最终仍然不用孔子。孔子感慨地说："如果有人用我治理国政的话，只需一年的时间就可以见成效了，三年的话就会大见成效。"孔子于是离开卫国。

由此看来，孔子对自己的政治才能似乎很是自信。

13.11 子曰："'善人为邦百年，亦可以胜残去杀矣。'诚哉是言也！"

【说】孔子说："有人说，'具有仁爱之心的善人治理国家一百年，就能够消除残暴行为、废除刑罚杀戮了'。这句话说得真对啊！"移风易俗的大业需要很长时间的努力，可见仁政难施。

13.12 子曰："如有王者，必世而后仁。"

【说】孔子说："如果有王者兴起，也必须要经过三十年才能推行仁政。"意思是说，王者在实现仁政之前的三十年间，无法排除刑罚杀戮手段的使用。这大概是孔子对社会规律的总结吧。

13.13 子曰："苟正其身矣，于从政乎何有？不能正其身，如正人何？"

【说】孔子说："如果执政者端正了自身言行，治理国家还有什么困难呢？如果执政者自身不正，他又怎么能去纠正别人呢？"

13.14 冉子退朝。子曰："何晏也？"对曰："有政。"子曰："其事也。如有政，虽不吾以，吾其与闻之。"

【说】冉有退朝回来。孔子问："为什么这么晚？"冉有说："有政务。"孔子说："那不过是一般性的事务罢了。如果是重要的政务，虽然我不在位了，我还是应该知道的。"

这说明年老的孔子仍然关心政治。《左传·哀公十一年》记载，执政的季氏曾经说孔子："子为国老，待子而行。"国有大事还是要征询孔子的意见，孔子所言非虚。

13.15 定公问："一言而可以兴邦，有诸？"

孔子对曰："言不可以若是其几也。人之言曰：

‘为君难，为臣不易。’如知为君之难也，不几乎一言而兴邦乎？”

曰：“一言而丧邦，有诸？”

孔子对曰：“言不可以若是其几也。人之言曰：‘予无乐乎为君，唯其言而莫予违也。’如其善而莫之违也，不亦善乎？如不善而莫之违也，不几乎一言而丧邦乎？”

【说】在鲁定公执政期间，孔子做了鲁国的大司寇，深得鲁定公的支持和信任，鲁定公当时也常常向孔子请教政事。

鲁定公问：“一句话可以使国家兴盛，有这样的话吗？”

孔子回答道：“说话不可能有这么大的影响。但有近乎这样的话，有人说：‘做君主难，做臣子不易。’如果知道了做君主的艰难，这不近乎一句话可以使国家兴盛吗？”孔子的意思是，为君者知为君之难，便会小心谨慎，如此一来，会有助于使国家兴盛。

鲁定公又问：“一句话可以使国家灭亡，有这样的话吗？”

孔子回答说：“说话不可能有这么大的影响。但有近乎这样的话，有人说：‘我做国君并没有什么可高兴的，我所高兴的只在于我所说的话没有人敢于违抗。’如果说得对而没有人违抗，不也很好吗？如果说得不对而没有人违抗，那不就近乎一句话可以使国家灭亡吗？”

13.16 叶公问政。子曰：“近者说，远者来。”

【说】孔子停留在陈国时，有意到楚国去，正好楚昭王也希望孔子能来楚国，派人来接，于是孔子决定去楚国走一趟。路途坎坷，孔子在楚国军队的保护下路过边境地带负函时，驻扎在负函的楚国大将沈诸梁向孔子请教政事。孔子说："要让近处的人安居乐业，让远方的人愿意来投奔。"

楚国大将沈诸梁曾经当过叶地的长官，因此习惯上称他为叶公。叶公的公不是爵位，公在楚国土话中是长官的意思。

孔子的这番话，对当时负责管理迁到负函的蔡国民众的叶公来说，是对症下药的。因为叶公以楚国大将的身份管理迁到负函的蔡国民众，免不了会以对待敌国俘虏的态度对待蔡国民众。如果处理不好这层关系，负函这个地方可能就会产生动荡不安。

13.17 子夏为莒父宰，问政。子曰："无欲速，无见小利。欲速则不达，见小利则大事不成。"

【说】子夏做了莒父这个地方的长官，向孔子请教怎样处理政事。孔子说："做事不要只图快，不要只见眼前小利。如果只图快，结果反倒达不到目的；只图小利，就办不成大事。"

13.18 叶公语孔子曰："吾党有直躬者，其父攘羊，而子证之。"孔子曰："吾党之直者异于是：父为子隐[①]，子为父隐，直在其中矣。"

① 隐：隐，通檃，意思是矫正。

【说】叶公对孔子说："我的家乡有个正直的人，他的父亲偷了别人的羊，他就将他的父亲告发了。"孔子说："我的家乡正直的人与你讲的正直的人不一样。如果父亲犯了错误，做儿子的会主动去承担错误的后果、主动去矫正父亲的错误。如果儿子犯了错误，做父亲的会主动承担错误的后果、主动去矫正儿子的错误。"

孔子的意思是，父子之间发现对方犯了错误，正直的人不会假他人（包括政府）之手，而是觉得帮助亲人矫正错误是自己的直接责任，所以他会第一时间去替对方改正错误。这才是正直之道。这种正直与儒家的伦理观念相吻合，体现了父子之间的关系与一般的社会关系的不同，体现了父子之间的责任和义务，父亲应当为儿子的行为承担责任，儿子也应当为父亲的行为承担责任，第一时间直接去矫正对方的过错。

事实上，在儒家的行为准则中，义是统摄其他一切道德要求的，孝行也要遵循义的准则。所以，即使是父母，见到他们的行为有违义的准则，子女也应当及时提醒他们改正、替他们改正。详见《里仁篇》第 18 章。所以，我认为，传统的解释，父子互相为对方隐瞒，是错误的。

13.19 樊迟问仁。子曰："居处恭，执事敬，与人忠。虽之夷狄，不可弃也。"

【说】《论语》中，樊迟三次问仁，分别在《雍也篇》《颜渊篇》和《子路篇》。在《雍也篇》中孔子的回答是"先难而后获"，在《颜渊篇》孔子的回答是"爱人"，本篇的回答又有不同。

所谓“先难而后获”，是对仁者外在行为的要求，范仲淹所说的“先天下之忧而忧，后天下之乐而乐”，表达的就是这个意思。“爱人”讲的是仁的内在性、情感性，即仁者要有爱人之心。孔子先后两个回答虽然在形式上不同，但在内容上，对仁者的内（爱人）外（先难后获）的要求是统一的。

这次的回答，孔子说：“平时要注意端庄恭敬，办事情的时候要严肃认真，与他人相处要忠诚。就是去边远的少数民族居住的地方，也不能废弃这些原则。”孔子的意思是说，要以恭、敬、忠等道德规范来要求自己，与“克己复礼”是一个意思。即克制欲望，约束自己，把行为纳入到礼的规范中。

可以看出，孔子是在根据提问的不同人、不同场景，从实践（提问者急需解决的问题）的角度，对仁的内涵做出不同的回答。但若仔细分析，这些看似不同的回答，内在却是统一的。仁，就是认认真真地做一个人。

13.20 子贡问曰：“何如斯可谓之士矣？”子曰：“行己有耻，使于四方，不辱君命，可谓士矣。”

曰：“敢问其次。”曰：“宗族称孝焉，乡党称弟焉。”

曰：“敢问其次。”曰：“言必信，行必果，硁硁然小人哉！抑亦可以为次矣。”

曰：“今之从政者何如？”子曰：“噫！斗筲之人，何足算也！”

【说】子贡问：“什么样的人才能称得上士呢？”孔子说：

“做人有底线有羞耻之心，做事有能力，出使外国不辱君主的使命，这样的人就可以称为士了。”

子贡又问：“请问次一等的士。”孔子说：“在宗族乡里称贤的人，宗族的人称赞他孝顺父母，乡里的人称赞他尊敬兄长。”

子贡再问：“请问再次一等的士。”孔子说：“言出必行，行必有果，这些人虽然不分是非、浅薄而固执，但也可以算作再次一等的士。”

子贡说：“现在从政的官员，怎么样呢？”孔子说：“唉！这帮钩心斗角、器量见识浅狭的家伙，又能算得上什么呢？”

13.21 子曰：“不得中行[①]而与之，必也狂狷乎！狂者进取，狷者有所不为也。”

【说】孔子说：“如果找不到言行符合中庸之道的人和他交朋友，那么，就一定要和积极进取的狂者和洁身自好的狷者交朋友。狂者勇于进取，狷者不会做坏事。”

所谓狂者，是指那种习惯于激进、积极进取、敢作敢为的人。所谓狷者，是指那种能够坚守原则、洁身自好、不愿冒进、对坏事做消极抵抗的人。事实上，狂者和狷者也是稀少的。

13.22 子曰：“南人有言曰：‘人而无恒，不可以作巫医。’善夫！”

① 中行：即行中，言行符合中庸之道。

“不恒其德，或承之羞[①]。”子曰：“不占而已矣。”

【说】孔子说：“南方的人讲，‘一个人如果没有恒心的话，是不可以做巫医的。’这话说得真好啊！”

《周易》讲，一个人如果没有常德，有时就会遭受羞辱。孔子说：“这样的人就没有必要去算卦了。”

算卦，大约是自己对自己心中没数。孔子之意，那些无恒、无常的人，总是要面临羞辱，就用不着算卦了。

13.23 子曰：“君子和而不同，小人同而不和。”

【说】孔子说：“君子能与他人和谐相处，但并不盲目附和；小人盲目附和，但并不能与他人和谐相处。”

和，是事物运动变化发展的规律性要求。不同的事物在一起，运动变化的最终结果必然是和。和的前提是不同，有不同才有和，达到了和，事物运动变化才能实现从低级向高级的进步。而所谓同，看起来整齐划一，本质上却是停滞、衰败、死气沉沉。所以，正确的认识应当是重视不同，从不同中发现达到和的机会，以除旧立新。可以说，在处理事物的原则和态度层面，和而不同，是我国古代的大智慧。

《中庸》讲“和也者，天下之达道也。”意思是，和是天下万事万物的归宿。万事万物，最终要走向和、归于和。而和，是恰到好处，是矛盾的协调统一，是事物存在的稳定状态。孔子讲

① 不恒其德，或承之羞：《周易》恒卦三爻爻辞。

的“和而不同”，正是讲求现有社会秩序稳定之和，各种不同处于一个矛盾的统一体中，通过矛盾之间的对立统一达到和谐。反过来说，有不同才会有和，事物运动变化才能达到稳定状态。如果面临的只有同，是无法达到和的。需要再次明确指出的是，同的实际效果正好与追求同的心理预期相反，同是一个不稳定的状态。

13.24 子贡问曰：“乡人皆好之，何如？”子曰：“未可也。”

“乡人皆恶之，何如？”子曰：“未可也。不如乡人之善者好之，其不善者恶之。”

【说】子贡问道：“一个人，乡里的人都喜欢他，这个人怎么样？”孔子说：“这还不够。”

子贡接着又问：“那么，如果乡里的人都讨厌这个人呢？”孔子答道：“这还不够。要一切好人都喜欢他，一切坏人都不喜欢他，才行。”

孔子的教育注重启发，他往往能使学生们的思考在原有的基础上更进一步。

13.25 子曰：“君子易事而难说也。说之不以道，不说也。及其使人也器之。小人难事而易说也。说之虽不以道，说也。及其使人也，求备焉。”

【说】孔子说：“与君子容易共事，想取得君子的欢心很难。

用不正当的方式去讨他欢心，他是不会喜欢的。而君子用人，向来都是量才而用、唯才是举。而与小人很难共事，但要讨小人欢心却很容易。用不正当的方式去讨好小人，他会很高兴。但是在用人的时候，小人却是要百般挑剔、求全责备的。”

13.26 子曰：“君子泰而不骄，小人骄而不泰。”

【说】孔子说：“君子安详舒泰而不傲气凌人，小人傲慢无礼却不能安详舒泰。”

诚于其中，形于其外。君子与小人表现于外的气度风格肯定是不一样的。

13.27 子曰：“刚、毅、木、讷近仁。”

【说】孔子说：“刚、毅、木、讷，具备这四种品质的人，接近于一个仁者。”

所谓刚，就是一个人能够成为自己的主宰，言行皆听从内心的呼唤，不受外物役使，不被欲望所动。

所谓毅，一是有毅力，能持之以恒；二是能坚守节操、勇担道义。

所谓木，一是直，二是实，指个人品性中如木一般强直的质朴。

所谓讷，指面对外界变化以及他人言语刺激时的反应相对迟钝，表现出来是慎于言语，原因是木讷的人内心自有主张。

孔子认为，怎样视、听、言、行，是修养的途径；只有刚、毅、木、讷才有希望达到仁；然后用恭、宽、信、敏、惠这五者进行社会交往（见《阳货篇》第 6 章）。行为很重要，但更加重要的是态度和信念。因为缺乏态度和信念支撑的行为，只是不能持久的形式主义。所以，孔子倡导的，既是态度，也是行为，二者不可偏废。

13.28 子路问曰："何如斯可谓之士矣？"子曰："切切偲偲，怡怡如也，可谓士矣。朋友切切偲偲，兄弟怡怡。"

【说】子路问："什么样的人可以称为士呢？"孔子答道："相互敬重、切磋勉励，和睦相处，就可以叫作士了。朋友之间相互敬重、切磋勉励，兄弟之间和睦相处。"的确，看到朋友兄弟的不足，应当真诚地提醒；面对朋友兄弟的忠告，应当虚心地接受。孔子告诫子路要处理好朋友之间、兄弟之间的关系，对朋友敬重互勉，对兄弟和睦团结，这也是孔子在因材施教。

13.29 子曰："善人教民七年，亦可以即[①]戎矣。"

【说】孔子说："善人在位教化民众七年，就可以减少很多兵戎之事。"

---

① 即：在《定州汉墓竹简·论语》中，该句作"善人教民七年，亦可以节戎矣"。即，应为节。节戎，应是节制军事活动和战争。如此一来，这句话与孔子向来的主张便一致起来。

13.30 子曰："以不教，民战，是谓弃之。"

【说】孔子说："因为不对民众实行教化，而任由民众相互争斗，这等于是执政者抛弃了他们。"

向来人们对此句话的解释大意是：让没有经过军事训练的老百姓去打仗，这就是让他们去送死。这种解释是不符合历史事实的。因为春秋时期上战场打仗的多是贵族以及他们的子弟，平民和奴隶是没有资格上战场拼杀的。他们即便是去了也只能是做做后勤。作战的任务由贵族来承担，主要是当时的士这个阶层，所以才称为战士。因此，在当时的历史条件下，不存在训练百姓去打仗这种可能。

宪问篇第十四

14.1 宪[1]问耻。子曰："邦有道，谷；邦无道，谷，耻也。"

"克、伐、怨、欲不行焉，可以为仁矣？"子曰："可以为难矣，仁则吾不知也。"

【说】原宪问什么是耻辱。孔子说："国家政治清明时，做官取俸禄。国家政治黑暗时，还在做官取俸禄，这就是耻辱。"

原宪又问："一个好胜、自夸、怨恨、贪婪等毛病都没有的人，可以称得上是个仁者了吧？"孔子说："能够做到这些已经难能可贵了。至于他是不是一个仁者，我还不能断定。"

没有克、伐、怨、欲等毛病，只是一个人克己的一面。所以，孔子说他不能断定这个人是不是一个仁者。

① 宪：孔子学生原宪。

14.2 子曰："士而怀居，不足以为士矣。"

【说】孔子说："士如果留恋家乡安逸的生活，他就不配做士了。"好男儿志在四方。

14.3 子曰："邦有道，危[①]言危行；邦无道，危行言孙[②]。"

【说】孔子说："国家政治清明时，说话正直，行为正直。国家政治黑暗时，行为仍然要正直，但说话时要谦虚谨慎。"孔子意思是说，君子知进退存亡。

14.4 子曰："有德者必有言，有言者不必有德。仁者必有勇，勇者不必有仁。"

【说】孔子说："有德之人必定会有好的言论，但有好的言论的人不一定有德。仁者必定是个勇者，而勇者不一定是个仁者。"

孔子认为道德品质是做人的基础，只要有良好的道德品质，说出的言语就会有价值。与道德品质相较，人的言语是相对次要的，那些能说漂亮话的人不一定就有高尚的道德品质。所以，他认为"巧言乱德"，反对"巧言令色"的伪君子。

对于一个君子来讲，智、仁、勇三者是其必备的素质，而且

---

① 危：正直。

② 孙：通逊。

仁是统领智和勇的。所以，对于一个仁者来讲，勇是其必备的素质。但是，对一个勇者来讲，未必具备智和仁。所以，孔子认为仁者必定是一个勇者，而勇者未必是一个仁者。

14.5 南宫适[①]问于孔子曰："羿[②]善射，奡[③]荡舟，俱不得其死然；禹、稷躬稼而有天下。"夫子不答。

南宫适出。子曰："君子哉若人！尚德哉若人！"

【说】南宫适向孔子请教："羿擅长射箭，奡善于水战，都没有得到善终。禹和稷亲自耕作庄稼，却得到了天下。怎么评价他们呢？"孔子没有回答。

南宫适出去以后，孔子说："这个人是君子啊！这个人崇尚道德啊！"

南宫适向孔子请教，是拥有强大的武力征服天下好呢，还是给人民办实事办好事好呢？他讲了几个历史故事，后羿和奡，勇武超人，战功卓著，但他们都没得好死。而兴修水利勤勉治水的大禹和教民稼穑大力发展农业的后稷（周人的先祖）却得了天下。这里是儒家崇德抑武思想的体现。

14.6 子曰："君子而不仁者有矣夫，未有小人而仁者也。"

---

① 南宫适：孔子学生南容。

② 羿：后羿是有穷国的国君，篡夏后相之位，被义子寒浞所杀。

③ 奡：寒浞之子。后被夏后少康所杀。

【说】孔子说："君子中有不仁之人，但小人中是不会有仁人的。"

14.7 子曰："爱之，能勿劳乎？忠焉，能勿诲乎？"

【说】孔子说："爱他，能不叫他勤勉吗？忠于他，能不教诲他吗？"

14.8 子曰："为命，裨谌[①]草创之，世叔[②]讨论之，行人子羽[③]修饰之，东里[④]子产润色之。"

【说】孔子这段话记载了郑国政令的起草过程，从这种认真的起草过程，可以看出对政令的重视。孔子说："郑国发布的政令，都是由裨谌起草初稿，世叔研究评论，外交官子羽修改，子产润色文辞。"

14.9 或问子产。子曰："惠人也。"

问子西。曰："彼哉，彼哉！"

问管仲。曰："人也。夺伯氏骈邑三百，饭疏食，没齿无怨言。"

---

① 裨谌（bì chén）：郑国大夫。

② 世叔：郑国大夫，名游吉。

③ 行人，外交官。子羽，名公孙挥，字子羽。

④ 东里：地名，今河南郑州市，子产所居。

【说】有人问子产是个什么样的人。孔子说："是个宽厚仁慈的人。"

有人问子西是个什么样的人。孔子说："就他啊！就他啊！"（表轻蔑之义）

有人问管仲是个什么样的人。孔子说："是个人才啊！他剥夺了伯氏骈邑三百户的封地，使伯氏只能食粗食，伯氏却至死无怨言。"

14.10 子曰："贫而无怨难，富而无骄易。"

【说】孔子说："生活贫困而没有不满和抱怨，很难；生活富贵而不骄纵，容易。"处贫难，处富易。这是人之常情。

14.11 子曰："孟公绰[①]为赵、魏老[②]则优，不可以为滕、薛大夫。"

【说】孔子说："孟公绰担任晋国赵氏或者魏氏的家臣，是绰绰有余的，但是他做不了滕国或薛国这样小国的大夫（具有实职的官员）。"孟公绰为鲁大夫。孔子以为他清心寡欲，因此评论说，孟公绰若作晋国赵、魏二家的家臣则是绰绰有余，原因是事少。如果让他做滕、薛之类小国的大夫则不能胜任，因为事繁。意为人才有所长，也必有所短。

① 孟公绰：鲁国大夫。
② 老：大夫的家臣。

14.12 子路问成人。子曰："若臧武仲之知、公绰之不欲、卞庄子[1]之勇、冉求之艺，文之以礼乐，亦可以为成人矣。"曰："今之成人者何必然？见利思义，见危授命，久要不忘平生之言，亦可以为成人矣。"

【说】子路问怎样才能成为一个完美的人。孔子说："如果一个人，像臧武仲那样睿智、孟公绰那样清心寡欲、卞庄子那样勇敢、冉求那样多才多艺，再以礼乐来规范他，使他内在的才能品德与外在的行为规范协调一致，这样才称得上是一个完美的人。"所谓"臧武仲之知、公绰之不欲、卞庄子之勇"，是《子罕篇》中"知者不惑，仁者不忧，勇者不惧"的三个典范。

孔子又说："如今的完美的人哪里一定要这样呢？得到利益时能够想到道义，遇到危险时勇于献出生命，长久处于贫困之中也不忘记平日许下的承诺，这样的人就算得上是一个完美的人了。"

14.13 子问公叔文子[2]于公明贾[3]曰："信乎，夫子不言，不笑，不取乎？"

公明贾对曰："以告者过也。夫子时然后言，人不厌其言；乐然后笑，人不厌其笑；义然后取，人不厌其取。"

子曰："其然？岂其然乎？"

---

① 卞庄子：鲁国大夫，以勇知名。

② 公叔文子：卫国大夫。

③ 公明贾：卫人。

【说】孔子向公明贾问公叔文子。孔子说："先生他不说话、不笑、不取钱财，是真的吗？"

公明贾回答道："这是告诉你话的那个人，没有讲明白。先生他到该说话的时候才说，因此别人不厌恶他的话；到内心快乐时才笑，因此别人不厌恶他笑；到应该取的时候才取，因此别人不厌恶他的取。"

孔子说："原来是这样，难道真的是这样吗？"

用现在的话来说，公叔文子这个人该说话的时候说话，心里感到快乐时就笑，自己付出之后才收取自己应得的那一份回报。说明他凡事都能做到恰到好处。

14.14 子曰："臧武仲以防[①]求为后于鲁，虽曰不要君，吾不信也。"

【说】孔子说："臧武仲凭借防邑，请求鲁君在鲁国封臧氏的后人为卿大夫，即便有人说他不是要挟国君，我也不相信。"孔子认定以聪明智慧闻名的臧武仲的行为，是要挟国君，犯上作乱。

14.15 子曰："晋文公[②]谲而不正，齐桓公[③]正而不谲。"

---

① 防：地名，臧武仲的封地。事见《左传·襄公二十三年》，臧武仲因帮助季氏废长立少，得罪了孟孙氏，逃到邻国，不久回到防城，向鲁君请求为臧氏立后，得到允许后，他便流亡到齐国。

② 晋文公：姓姬，名重耳。

③ 齐桓公：姓姜，名小白。

【说】孔子说："晋文公诡诈、好耍手段，作风不正派。齐桓公作风正派，不诡诈、不耍手段。"

14.16 子路曰："桓公杀公子纠，召忽死之，管仲不死。[①]"曰："未仁乎？"子曰："桓公九合诸侯，不以兵车，管仲之力也。如其仁，如其仁！"

【说】子路说："齐桓公杀了他的哥哥公子纠，公子纠的一位师傅召忽因此自杀，而公子纠的另一位师傅管仲却活了下来。"又说，"管仲不能算是一个仁者了吧？"孔子说："齐桓公多次主持诸侯之间的盟会，停止了诸侯之间的相互攻战，使民众得到了好处，靠的都是管仲。这都是管仲的仁德，都是管仲的仁德！"

14.17 子贡曰："管仲非仁者与？桓公杀公子纠，不能死，又相之。"子曰："管仲相桓公，霸诸侯，一匡天下，民到于今受其赐。微管仲，吾其被发左衽矣。岂若匹夫匹妇之为谅也，自经于沟渎而莫之知也？"

【说】子贡说："管仲不是一个仁者吧，齐桓公杀了公子纠，他不能像召忽那样以死相殉，反而去做齐桓公的国相，去辅佐齐桓公。"孔子说："管仲辅佐齐桓公，称霸诸侯，对内调停诸侯间

---

① 事见《左传·庄公九年》。公子纠是齐桓公之兄，和齐桓公皆为齐襄公之弟。襄公无道，桓公由鲍叔牙侍奉出逃莒国，而公子纠由管仲和召忽侍奉出逃鲁国。后襄公被杀，桓公先入齐国，立为君。桓公逼鲁国杀公子纠，召忽自杀，而管仲后任齐相。

的争斗，对外抗拒外族的入侵，匡正天下的一切，中原民众到现在还在享受他带来的好处。如果没有管仲，我们现在大概处于少数民族的奴役之下。像管仲这样的经世之才，他怎么能够像一个普通百姓那样，为了个人的小节小信，自杀于沟渠里，白白浪费掉自己的生命，而无人知晓呢？”

对于认识现象和问题而言，眼界和格局是首要的。在孔子看来，礼很重要，但是礼不是最重要的。因为礼是手段，不是目的，守礼的目的是为了达到仁。成就个人，是仁；成就国家民族，是更大的仁。对于为国家民族作出卓越贡献的管仲，孔子当然要以“仁”许之。

综合这两段话，对于子路和子贡拘泥于管仲对故主的忠诚问题，孔子转换了一个角度，从管仲的治国成就来评价他的贡献，从而把公共道义置于个人品德之上。在孔子心目中，政治清明、社会文明，就是天下有道；显然，道行天下是更高的价值所在。

14.18 公叔文子之臣大夫僎与文子同升诸公。子闻之，曰：“可以为‘文’矣。”

【说】公叔文子推荐自己的家臣大夫僎，和公叔文子一起做了卫国的大夫。孔子听说了这件事，说：“可以给公叔文子‘文’的谥号了。”这种唯才是举的行为在当时是了不起的，孔子称赞公叔文子举贤的美德。

14.19 子言卫灵公之无道也。康子曰：“夫如是，奚而不丧？”孔子曰：“仲叔圉治宾客，祝鮀治宗庙，王孙贾治军旅。夫如是，奚其丧？”

【说】有一次孔子和季康子聊天。孔子谈到卫灵公的昏庸无道。季康子说：“既然这样，为什么没有丧失国家呢？“孔子说：“他有仲叔圉（孔文子）主持外交，有祝鮀管理宗庙祭祀，有王孙贾统率军队。像这样，怎么会丧失国家？”人才关乎国运。看来卫灵公能用人才，还不是特别昏庸。

14.20 子曰：“其言之不怍，则为之也难。”

【说】孔子说：“对于那些说大话而不感到羞愧的人，你就不要以为他们真的会有如此行动。”这应该是孔子的经验之谈。

14.21 陈成子弑简公。孔子沐浴而朝，告于哀公曰：“陈恒弑其君，请讨之。”公曰：“告夫三子！”

孔子曰：“以吾从大夫之后，不敢不告也。君曰‘告夫三子’者！”

之三子告，不可。孔子曰：“以吾从大夫之后，不敢不告也。”

【说】公元前481年，齐国发生政变。原来逃亡到齐国的陈国贵族陈氏（在齐国改姓田）后代田成子发动政变，杀掉了齐简公，并将齐国的旧贵族尽数杀戮。齐国这次政变可以说是战国时代的序幕。听到这个消息以后，七十一岁高龄的孔子很是着急，对政治形势非常关切。他在家斋戒沐浴后，郑重地去朝见鲁哀公，说："陈恒把他的国君杀死了，请出兵讨伐！"可是，鲁国的政权事实上是掌握在三家贵族手里，鲁哀公本身也是怕事的，他便将此事推给三家贵族，说："你去向季孙、仲孙、孟孙三人报告吧！"孔子说："因为我曾忝列大夫，所以不敢不来报告。你却要我去向他们报告，我也只好去向他们报告了。"孔子接着又去告诉三家贵族，但这三家贵族在鲁国的情形和齐国的田氏差不多，当然不愿意过问这种事情。孔子碰了钉子，自嘲地说："因为我曾经做过大夫，所以不敢不来报告呀！"

14.22 子路问事君。子曰："勿欺也，而犯之。"

【说】子路问如何处理与国君的关系。孔子说："不能虚伪地欺骗他，但是可以当面直述你的不同意见。"犯者，犯国君之好恶，犯国君之尊严也。《礼记·檀弓》讲，"事亲有隐而无犯""事君有犯而无隐""事师无犯无隐"。

14.23 子曰："君子上达，小人下达。"

【说】孔子说："君子向上通达以仁义为本的道德本性，小人向下通达以利益为本的物理本性。"

14.24 子曰："古之学者为己，今之学者为人。"

【说】孔子说："古时候人们学习是为了充实、提高和完善自己，现在的人们学习是为了向别人炫耀、求得别人的赞誉。"

所谓为己之学，是孔子极重要的精神。《颜渊篇》中孔子与子张的对话，把这个意思讲得更清楚。求闻，是为人之学，外表装出仁的样子而行动上却违背仁。求达，是为己之学，达到品质正直、爱好礼义、有谦让之心，这就要修养自己。孔子讲求躬行实践和言行一致，强调所学必须付诸实践，落实到日常生活待人处事上来，反对空谈及言行不一。

14.25 蘧伯玉使人于孔子。孔子与之坐而问焉，曰："夫子何为？"对曰："夫子欲寡其过而未能也。"使者出。子曰："使乎！使乎！"

【说】公元前497年，孔子离开鲁国，向西到达卫国。因为卫国有自己佩服的熟人，就是卫国大夫蘧伯玉。蘧伯玉曾经派使者看望过孔子，孔子让使者坐下，问道："老先生在做什么呢？"使者回答说："老先生想要努力减少自己的过错，可是还没做好呢。"

孔子感受到蘧伯玉的谦虚和修养，使者离开后，孔子夸赞使者说："好一位使者呀！好一位使者呀！"

14.26 子曰："不在其位，不谋其政。"
曾子曰："君子思不出其位。"

【说】孔子说："不在那个职位上，就不要考虑那个位置上的政务。"孔子这句话反映的是他一贯主张的"名分"，目的是让人安分守己。此句又见于《泰伯篇》。

曾子说："君子考虑事情从来不超出自己的职位范围。"思不出其位，作为一种政治哲学的原则，其含义是，要求君子安位自守，不能越职侵权。

14.27 子曰："君子耻其言而过其行。"

【说】孔子说："君子以说到而做不到为耻辱。"

14.28 子曰："君子道者三，我无能焉：仁者不忧，知者不惑，勇者不惧。"子贡曰："夫子自道也。"

【说】孔子说："君子之道有三个，我没能做到。仁者不忧愁，智者不迷惑，勇者不畏惧。"子贡说："这是老师在说自己啊。"

"仁者不忧，知者不惑，勇者不惧"，详见《子罕篇》第29章。

14.29 子贡方人。子曰："赐也贤乎哉？夫我则不暇。"

【说】子贡忙着批评别人。孔子说："端木赐啊，你就这么好吗？换我就没有这些工夫去批评别人。"可见孔子对学生的要求还是很严格的。

14.30 子曰："不患人之不己知，患其不能也。"

【说】孔子说："不要担心别人不了解自己，应当担心自己没有能力。"

14.31 子曰："不逆诈，不亿不信，抑亦先觉者，是贤乎！"

【说】孔子说："不预先猜测他人使诈（其实是不知道他人使诈还是不使诈），不预先揣度他人不诚实（其实是不知道他人诚实还是不诚实）。然而，如果他人真的使诈和不诚实，要能够及早察觉，这样的人才是贤明之士啊！"孔子教导弟子们与人为善，不要预先揣测他人坏的一面。待人接物，首要是提高自己明辨是非的能力。

14.32 微生亩谓孔子曰："丘何为是栖栖者与？无乃为佞乎？"孔子曰："非敢为佞也，疾固也。"

【说】鲁国的一位长者微生亩轻视孔子，对孔子说："孔丘你奔波忙碌不安，是为了表现能说会道，是为了卖弄口才吧？"孔子诚恳地回答道："我说话不敢卖弄口才，只是因为担忧，所以才出言教导那些顽固不化的人啊。"

14.33 子曰："骥不称其力，称其德也。"

【说】孔子说："对于千里马，值得称赞的不仅是它的气力，更是它的品德。"

关于千里马的品德，岳飞有个《良马对》。据《宋史·卷三六五·列传第一百二十四》载：绍兴七年，岳飞对宋高宗说，我曾有两匹马。一匹马每天吃豆类多达几斗，喝泉水一斛，不是精细清洁的饲料和饮水，宁肯饿死也不吃不喝。跑起来的时候，开始速度好像不怎么快，等到行到百余里，就开始快速奔驰，从中午到傍晚，还可以行二百里。卸下鞍甲后既不喘粗气，也不流汗，就像没事一样。这样的马，吃得多而且挑食，力量充沛而不逞强，这才是真正的良马啊。可惜的是这匹马已经没了。现在乘坐的马，每天的饮食不超过几升，什么饲料都吃，什么水都喝，往往表现得很是积极踊跃，拉住缰绳还未坐稳，就跳跃起来迅速奔跑，刚刚跑一百里，就力竭汗喘，像死狗一样。这样的马，需求不多，容易满足，喜欢逞强，容易力竭，是低下的劣马啊。岳飞说的是马，其实也是在说人才。

14.34 或曰："以德报怨，何如？"子曰："何以报德？以直报怨，以德报德。"

【说】有人问："以德报怨，怎么样？"孔子回答说："如果以德报怨，那么用什么来回报他人的恩德呢？我的意见是以直报怨，如果别人对我不友善，那么我当然对他也报以不友善；以德报德，别人对我友善，我对他也报以友善。"这一主张是孔子实用理性的充分体现。

14.35 子曰："莫我知也夫！"子贡曰："何为其莫知子也？"子曰："不怨天，不尤人，下学而上达。知我者其天乎！"

【说】孔子晚年时，身边只有子贡、子夏、曾子这些年轻的学生陪伴他了。有一天，孔子突发感慨：“没有人了解我呀！”子贡说：“怎么说没有人了解您呢？”孔子说：“我从不抱怨天，我也不责怪什么人。下学人事，上知天命，我的一生都在刻苦学习，才有了现在的成就。只有上天才知道我的学问吧！”

“下学而上达”是其学问道德层层向上的历程，“不怨天，不尤人”是一个深切内省的人以一己之身承担责任的心境。晚年孔子的心绪，已经不同往日了。这句话反映出孔子对身后的担忧。

14.36 公伯寮[①]愬子路于季孙。子服景伯[②]以告，曰：“夫子固有惑志于公伯寮，吾力犹能肆诸市朝。”

子曰：“道之将行也与，命也；道之将废也与，命也。公伯寮其如命何？”

【说】公伯寮在季孙氏那里毁谤子路。子服景伯把这件事告诉了孔子：“季孙氏已经被公伯寮迷惑住了，但我的力量还是能让公伯寮的尸首在街头示众。”孔子说：“道义能够实行，是天命；道义不能实现，也是天命。公伯寮能把天命怎么样呢？”

孔子的意思是，道义的行或者不行，有社会因缘与历史条件的限制，不仅仅是个体生命承担就能独立建功的。当然，也不是一两个人的破坏，就能得逞的。话虽如此，而从孔子的回答中，还是可以感受到，子服景伯的仗义，于不经意间，激发出孔子的一种甘于殉道的崇高感。

---

① 公伯寮：季氏家臣。

② 子服景伯：鲁国大夫。

14.37 子曰:“贤者辟世，其次辟地，其次辟色，其次辟言。”

子曰:“作者七人矣。”

【说】孔子说：“贤者躲避社会，其次躲避不好的地方，再次躲避难看的脸色，最后躲避不好的言语。”

孔子说：“这样做的已经有七个人了。”

隐者，是一种门槛很高的生活方式。不然，避也避不开啊。

14.38 子路宿于石门。晨门曰:“奚自?”子路曰:“自孔氏。”曰:“是知其不可而为之者与?”

【说】石门是曲阜外城的城门。有一次子路回来晚了，夜宿石门外。第二天早上进城时，守城门的人说：“从哪儿来？”子路说：“从孔子那里来的。”门人说：“就是那位明知道做不成却还要坚持做的人吗？”

“知其不可为而为之”是儒家的真精神，是儒者的人生责任。

14.39 子击磬于卫，有荷蒉而过孔氏之门者，曰:“有心哉，击磬乎!”既而曰:“鄙哉，硁硁乎!莫己知也，斯已而已矣。深则厉，浅则揭。”

子曰:“果哉!末之难矣。”

【说】孔子在卫国的时候，有一天，他正在屋里敲击磬（一种乐器），一个背草篓的老人从孔子的门口路过，听见了磬音随口说："这磬敲得意味深长啊！"过了一会儿，他又说："但是这个人太固执了。磬音又响又急，看来这个人是唯恐别人不知道自己。既然不知道，那就算了吧。何必呢？有首诗上不是这么说，'水深呢，就脱去衣服游过去；水浅呢，就撩起衣服蹚过去'。"这个老人的意思是，世事深浅，你（孔子）应该是知道的啊！处于这样的世道，为什么还要别人理解你，为什么还要知其不可为而为之？

孔子听到后说："说得真干脆，我没有什么可以反驳他了。"面对这样的隐者，孔子无话可说。孔子击磬时，他的人格与磬声是融为一体的。

14.40 子张曰："《书》云：'高宗谅阴[①]，三年不言。'何谓也？"子曰："何必高宗，古之人皆然。君薨，百官总己以听于冢宰[②]三年。"

【说】子张问："《尚书》上说，'殷高宗守丧，三年不谈政事。'这是什么意思？"孔子回答说："不仅是殷高宗，古人都是这样。国君死后，新君服丧，三年不问政事，所有官吏各司其职，听命于宰相三年。"

14.41 子曰："上好礼，则民易使也。"

---

① 高宗，商高宗武丁。谅阴，古时候天子居丧守孝之称。

② 冢宰：周时官名，六卿之首。

【说】孔子说："上面的人遵守礼制，以礼待人，下面的老百姓就容易指使了。"

14.42 子路问君子。子曰："修己以敬。"

曰："如斯而已乎？"曰："修己以安人。"曰："如斯而已乎？"曰："修己以安百姓。修己以安百姓，尧、舜其犹病诸！"

【说】子路问怎样才能成为一个君子。孔子说："用诚敬的心修养自己。"

子路说："这样就可以了吗？"孔子进一步说："提高自己的修养，使周围的亲戚朋友各得其所，安居乐业。"

子路追问："这样就可以了吗？"孔子说："提高自己的修养，使所有的老百姓都能各得其所，安居乐业。尧、舜恐怕还做不到呢？"

"修己以安百姓"就是德治，可以说儒家的政治思想，都是由德治这条主线来贯通的。

14.43 原壤夷[①]俟。子曰："幼而不孙弟，长而无述焉，老而不死，是为贼！"以杖叩其胫。

【说】孔子的一个朋友叫原壤，是个作风随性的人。一天，原壤叉开双腿坐着等待孔子。孔子骂他说："你年幼时就不懂规

① 夷：箕踞，张开腿坐地上。

矩，长大了也没出息，你这个老不死的，真是个害人精。”说着，用手杖照着他的小腿敲了几下。

14.44 阙党[①]童子将命。或问之曰：“益者与？”子曰：“吾见其居于位也，见其与先生并行也。非求益者也，欲速成者也。”

【说】孔子家乡阙里的一个童子来传信。有人问孔子：“这是一个求上进的人吗？”孔子说：“我看见他坐在成人的席位上，看见他和长辈并肩而行。他这样一个执礼不恭的人不是个求上进的人，而是一个急于求成的人。”

---

① 阙党：地名，即阙里，孔子所居之地。

卫灵公篇第十五

15.1 卫灵公问陈于孔子。孔子对曰："俎豆之事[①]，则尝闻之矣；军旅之事，未之学也。"明日遂行。

【说】孔子在卫国的时候，卫国政局发生了变动。卫灵公长子蒯聩派人去刺杀南子，却被南子察觉，拼命叫喊："太子要杀我呢！"因为卫灵公偏向南子，蒯聩吓得赶紧逃到晋国大夫赵简子那里去了。

卫灵公因此想要用兵，便向孔子请教怎样作战。孔子觉得卫灵公父子之间的争执，外人是不好说话的，况且此事又牵扯到晋国。于是孔子答道："要是问我礼仪之事呢，我是学过的。打仗嘛，我是不懂的。"第二天孔子就离开了卫国。

---

① 俎豆之事：俎和豆都是古时候的器皿，举行礼仪时用到它们。俎豆之事，指礼仪一类的事情。

15.2 在陈绝粮，从者病，莫能兴。子路愠见曰："君子亦有穷乎？"子曰："君子固穷，小人穷斯滥矣。"

【说】据《史记·孔子世家》载，此事发生在鲁哀公六年，孔子六十三岁那一年。受乱兵侵扰，孔子一行人在陈绝粮。跟从的弟子们又饿又累，有些人已经病倒了。子路首先沉不住气，有些生气地来问孔子："君子也会遭难没有办法吗？"孔子说："君子处境困窘，仍坚定不移。而小人一遇到困难，就会乱来了。"

15.3 子曰："赐也，女以予为多学而识之者与？"对曰："然，非与？"曰："非也，予一以贯之。"

【说】孔子说："赐啊！你以为我是因为下功夫勤奋学习才会有这么多见识的吗？"子贡回答说："是啊，难道不是这样吗？"孔子说："不是的，我的办法是用一个基本理念来贯通一切。"孔子的意思，在他的知识里，有不学而识的成分在。

关于"一以贯之"，详见《里仁篇》第 15 章。

15.4 子曰："由，知德者鲜矣。"

【说】孔子说："子路啊，真正知道德行的人，太少了。"孔子是在教育子路，修身要从德行这一根本做起。

15.5 子曰："无为而治者其舜也与？夫何为哉？恭己正南面而已矣。"

【说】孔子说："能够无为而治的，大概只有舜了吧？他做了什么呢？他不过是恭恭敬敬地坐在那个位子上而已。"这句话大概是孔子有感于当朝的统治者嗜欲无度、肆意妄为，而发出的感慨吧。

15.6 子张问行。子曰："言忠信，行笃敬，虽蛮貊之邦行矣；言不忠信，行不笃敬，虽州里行乎哉？立则见其参于前也；在舆则见其倚于衡也，夫然后行。"子张书诸绅[①]。

【说】子张问如何能使自己到处都能行得通。孔子说："说话忠实诚信，行为恭敬笃厚，即使到了没有开化的蛮荒之地，也能行得通。说话不忠实诚信，行为不恭敬笃厚，即便是在本乡本土，也未必能行得通。你要想到处行得通，必须时刻记住'言忠信，行笃敬'。无论是站立时还是乘车时，就好像时时看到这几个字一样，这样才能到处都行得通。"

子张于是将这几句话记在腰带上了，他将"言忠信，行笃敬"作为立身行事的警句，时时随身携带，时刻警示自己。

15.7 子曰："直哉史鱼[②]！邦有道，如矢；邦无

① 书诸绅：绅，系在腰间的衣带。书诸绅，即把警句、格言写在衣带上，类似于今天的座右铭。

② 史鱼：卫国大夫史鳝，字子鱼。《孔子家语》载，蘧伯玉是位贤人，但卫灵公不用他。弥子瑕不肖，反被重用。史鱼多次向卫灵公推荐蘧伯玉，灵公也不采纳。史鱼病逝，临终前命其子陈尸窗下，以劝谏灵公进贤去佞。史称尸谏。

道，如矢。君子哉蘧伯玉！邦有道，则仕；邦无道，则可卷而怀之。”

【说】孔子很佩服卫国的史鱼和蘧伯玉。孔子说：“史鱼真是正直啊！国家政治清明时，他像箭那样正直；国家政治黑暗时，他仍然像箭那样正直。蘧伯玉真是一位君子啊！国家政治清明就出来做官，国家政治黑暗就辞官归隐。”孔子认为，君子的直，就像射出的箭一样，坚定不移地朝向自己的价值理想和价值方向前进。

15.8 子曰：“可与言而不与之言，失人；不可与言而与之言，失言。知者不失人，亦不失言。”

【说】语言是一门艺术，说话的分寸很重要。孔子说：“有可以交谈的人却不交谈，这样会失去一个朋友。与不可以交谈的人交谈，说话就会失言。知道说话分寸的人，既不会失去朋友，也不会讲错话。”

善言要说给愿意且善于倾听的人，这样可以加强沟通、增进理解、多交朋友。对于不可与言者，要保持缄默、保持一定的距离，以免招惹是非。

15.9 子曰：“志士仁人，无求生以害仁，有杀身以成仁。”

【说】孔子说：“在维护个体生命与实现人生价值发生冲突

时，志士仁人的选择是，宁可杀身成仁，决不为了求生而害仁。”这是孔子高扬道德理性精神的体现。

15.10 子贡问为仁。子曰：“工欲善其事，必先利其器。居是邦也，事其大夫之贤者，友其士之仁者。”

【说】子贡问怎样实行仁。孔子说：“工匠要想做好他的事，一定先完善他的工具。实行仁，首先要做好准备工作，居住在这个国家，就要想着与那些贤明的大夫共事，与那些有仁德的士人交朋友。”工具的重要性仅次于工匠本人，如果工匠想制作出精美的器物，那么他首先应当想到改进他的生产工具。为仁也是一样的道理。想要学以成人，就要把握好实现仁的途径。关于为仁的途径，孔子提出了事贤与友仁两个方面，目的是培养自身的德行。

15.11 颜渊问为邦。子曰：“行夏之时，乘殷之辂①，服周之冕，乐则《韶》《舞》②。放郑声，远佞人。郑声淫，佞人殆。”

【说】颜渊问怎样治理国家。孔子说：“沿用夏历，方便农作；乘坐殷商的车子，简朴又实用；戴着周朝的冠冕，隆重又虔诚；音乐则用《韶》《武》，又善又美。要舍弃郑国的乐曲，远离谄媚的人。郑国的乐曲很淫秽，谄媚的人很危险。”

---

① 辂（lù）：大车。

②《韶》，舜时的音乐。《舞》，指《武》，周武王时的音乐。

夏历是最合时宜的，用夏历意味着因时制宜地进行农业生产活动。殷商的马车是最经济耐用的交通工具，乘坐殷商的马车意味着用最经济的手段促进人际交往和商品流通。周朝的礼帽是最隆重端庄的，戴着周朝的礼帽意味着礼制的周全完备。

孔子的礼乐思想建立在“乐与政通”的观念上，他主张“正礼乐”而“兴邦家”。郑声格调大胆、泼辣、自由奔放，尤其侧重男女爱情，在当时风靡各个诸侯国。对于郑地民众那种热烈活泼、抒发内心强烈感情的音乐，孔子认为过于放纵沉溺，有违于礼，超过了礼的限制，故而斥之为淫声。用今天的眼光来看，孔子的思想还是不够解放啊。孔子贬郑声，大概是为了阻止过度的享乐吧。

15.12 子曰：“人无远虑，必有近忧。”

【说】孔子说：“一个人没有长远的考虑，一定会有眼前的忧患。”意思是为人处世格局要大，谋事要远。

15.13 子曰：“已矣乎！吾未见好德如好色者也。”

【说】此章与《子罕篇》第 18 章相同。孔子说：“罢了，我没见过好德如同好色那样的人。”

15.14 子曰：“臧文仲其窃位者与！知柳下惠[①]之

① 柳下惠：鲁国人，以贤称，私谥为惠。

贤而不与立也。”

【说】孔子说：“臧文仲是一个不称职的人吧！他明知道柳下惠有贤能，却不举荐他做官。”

15.15 子曰：“躬自厚而薄责于人，则远怨矣。”

【说】孔子说：“一个人要能够严以律己、宽以待人，那么他就能远离怨恨了。”

15.16 子曰：“不曰‘如之何，如之何’者，吾末如之何也已矣。”

【说】孔子说：“对于一个没有问题请教、提不出问题的人，我也不知道怎么去教他了。”

15.17 子曰：“群居终日，言不及义，好行小慧，难矣哉！”

【说】孔子说：“整天聚在一起，尽说些无关紧要、不涉及道义的话，习惯于动动小心眼，办些眼皮底下鸡毛蒜皮的事情，这种人真难教导啊。”

15.18 子曰：“君子义以为质，礼以行之，孙以出之，信以成之。君子哉！”

【说】孔子说："君子对于要做的事情，以符合道义为原则，依礼来实行它，用谦逊的言语来表达它，用诚实信用的态度来完成它。这才是君子啊！"

15.19 子曰："君子病无能焉，不病人之不己知也。"

【说】孔子说："君子担心自己没有能力，不担心别人不知道自己。"孔子在多处反复表达这个意思。

15.20 子曰："君子疾没世而名不称焉。"

【说】这句话是孔子自述作《春秋》的动机。孔子的意思是要凭借《春秋》，使后人能够从《春秋》中了解孔子垂训后世的微言大义。《左传·成公十四年》讲，孔子修《春秋》的目的是"惩恶而劝善"。或许孔子是在继承史家前辈的传统，著史者发挥以史书记载的审判代替上天的审判的庄严使命。

孔子说："君子担心离世后，自己的名声不被世人称颂。"

孔子的这种精神，是被一种强烈的个人主体意识、一种强烈的历史责任感所驱使的。《史记·孔子世家》中，孔子说："我的主张不能推行，我用什么东西留给后世呢？"想到这个问题，就可以理解孔子当时讲话的心境。然而，一想到这个问题，人的本体意识，一下子就会鲜活起来。

15.21 子曰："君子求诸己，小人求诸人。"

【说】孔子说："君子要求自己怎么做，小人要求别人怎么做。"所谓仁的精神，是一个人面对自己而要求自己成为一个真正的人的自我觉醒。自我觉醒只能自己完成，所以孔子说"君子求诸己"。

15.22 子曰："君子矜而不争，群而不党。"

【说】孔子说："君子自重而不与别人争执，合群而不与他人结党。"

15.23 子曰："君子不以言举人，不以人废言。"

【说】孔子说："君子不以一个人会说话就推举他，也不以一个人品行不好而轻易否定他说的话。"孔子的意思是，不能将语言和说话的人简单对等起来。

15.24 子贡问曰："有一言而可以终身行之者乎？"子曰："其恕乎！己所不欲，勿施于人。"

【说】子贡问："有没有一个字可以终身奉行的呢？"孔子说："这个字就是恕啊！自己不愿意的事情，不要强加给别人。"

孔子为什么说这个字是"恕"？孔子说的这个"恕"，只要愿意做，谁都可以做到。

15.25 子曰："吾之于人也，谁毁谁誉？如有所誉者，其有所试矣。斯民也，三代之所以直道而行也。"

【说】孔子说："我对别人，贬毁了谁？赞誉了谁？如果我真的赞誉了谁，那肯定是经过考察验证的，是有事实依据的。正是因为夏商周三代的人都像我这样，所以夏商周三代的记述才是可以相信的（是什么才记下什么、经得起时间的检验）。"

15.26 子曰："吾犹及史之阙文也，'有马者借人乘之'，今亡矣夫！"

【说】孔子有一个历史学者所具有的尊重史料的习惯。他说："史书上残缺的文字，有些我从前还见到过，现在这种残缺的文字简直看不到了。我看到某部史书有缺漏的文字，原来的本子有'有马者借人乘之'这句话，今天看到的本子没有了。"孔子的意思是，古代史书经辗转传抄，往往有缺漏，提醒大家注意。这必定是他熟读古今史官著作才能感受得到的。

15.27 子曰："巧言乱德，小不忍，则乱大谋。"

【说】孔子说："花言巧语会败坏德行。小事上不忍耐就会坏了大事情。"

15.28 子曰："众恶之，必察焉；众好之，必察焉。"

【说】孔子说："大家都厌恶的，一定要去考察；大家都喜欢的，也一定要去考察。"孔子不会无根据地随便褒贬人。

15.29 子曰："人能弘道，非道弘人。"

【说】孔子说："一个人能以自己的高尚品格去弘扬大道，但是，大道却不会去为任何人增光添彩。"道是客观存在的，但是道需要人来发扬光大，需要人在实践中体现。

15.30 子曰："过而不改，是谓过矣。"

【说】孔子说："有过错而不去改正，这才是真的过错。"有错不改，错上加错。

15.31 子曰："吾尝终日不食、终夜不寝以思，无益，不如学也。"

【说】孔子说："我曾经整天不吃饭，整夜不睡觉，只管想来想去想问题，但是没有什么收获，不如实实在在去学习。"看来孔子在学与思之间，更加注重学习。在归纳和演绎之间，更偏重归纳。

15.32 子曰："君子谋道不谋食。耕也馁在其中矣，学也禄在其中矣。君子忧道不忧贫。"

【说】君子是治国者，更是社会的栋梁。君子的社会责任和担当，自然和社会上的普通人不同。孔子说："君子谋求道行天下而不是谋求衣食。如果天下无道、政治黑暗，就是种地的人也会饿肚子。如果道行天下、政治清明，就是读书学习也会得到俸禄。所以说，君子担忧的是大道之行，而不是个人的贫穷。”

15.33 子曰：“知及之，仁不能守之，虽得之，必失之；知及之，仁能守之，不庄以莅之，则民不敬；知及之，仁能守之，庄以莅之，动之不以礼，未善也。”

【说】孔子说：“一个人靠聪明才智得到官职，如果他个人的德行不够，即便是得到了，也一定会丧失掉。一个人靠聪明才智得到了官职，个人的德行可以守住它，但是如果他的态度不恭敬持重，老百姓就有可能瞧不起他。一个人靠聪明才智得到了官职，用个人的德行守住了它，用恭敬庄重的态度来行使职权，但是如果他不严格按照礼法规矩办事，也是不完善的。”

孔子这句话，提出了一个合格的官员应当具备的四个素质：首先要有聪明才智，其次要有德行，再次要有恭敬的态度，最后是按礼仪规范办事。

15.34 子曰：“君子不可小知而可大受也，小人不可大受而可小知也。”

【说】小知是指小的技能，大受是指大的担当。孔子说：“君子可以承担重大使命而不善于做些小事，小人擅长小的技能而不能承担重大使命。”孔子的意思是，君子不可小用但可以大用，小人只可以小用而不可大用。

15.35 子曰："民之于仁也，甚于水火。水火，吾见蹈而死者矣，未见蹈仁而死者也。"

【说】孔子说："老百姓畏惧仁，超过对水火的畏惧。所以，常见赴汤蹈火（不惧水火）以致丧命者，没有见过践行仁道而置生死于不顾者。"这句话是孔子对当时社会现实的慨叹。正是因为有这样的社会现实，所以才有启蒙之说。

15.36 子曰："当仁，不让于师。"

【说】孔子说："面对应该做的事情（践行仁的事），就是老师，也不同他谦让。"

15.37 子曰："君子贞而不谅。"

【说】孔子说："君子坚守正义胜过固守承诺。"

孟子有句话，对孔子这句话的意思揭示更加明确。"大人者，言不必信，行不必果，惟义所在。"（《孟子·离娄下》）对儒家来说，义是一切行动的指南，是做人做事的最高准则。

15.38 子曰："事君，敬其事而后其食。"

【说】孔子说："为国君办事，先认真做事，然后再考虑俸禄。"

15.39 子曰："有教无类。"

【说】孔子说："所有人，不分贵族与平民，不分华夏与狄夷，不分任何类别，我都可以教他。"孔子这一行动，冲击了贵族阶层用出身来否定平民青年接受教育资格的传统，将教育和知识引向平民。这在当时无疑是开天辟地的。

此外，孔子对教育寄予莫大之期望，他大概认为教育可以解决人类自身的一切问题，有了教育的力量，人类可以超越智愚、贵贱等分别，同归于善。

15.40 子曰："道不同，不相为谋。"

【说】孔子说："主张不同，不互相商议。"见识不同、价值观不同，的确没有办法在一起商量问题。

15.41 子曰："辞达而已矣。"

【说】孔子说："说话写文章，足以表达想要表达的意思，就可以了。"

15.42 师冕[1]见。及阶，子曰："阶也。"及席，子曰："席也。"皆坐，子告之曰："某在斯，某在斯。"

师冕出。子张问曰："与师言之道与？"子曰："然，固相师之道也。"

① 师冕：乐师，名冕。古代乐师一般由盲人担任。

【说】一位名叫冕的乐师来见孔子。他走到台阶边，孔子就说："这是台阶。"他走到坐席旁，孔子就告诉他："这是席子。"等他坐下了，又给他介绍屋子里的人："某某坐在这里，某某坐在那里。"

等他走了，子张问孔子："这是同乐师说话的方式吗？"孔子说："对，接待盲人，就应该是这样子的。"这是孔子富有同情心的礼貌啊。

季氏篇第十六

16.1 季氏将伐颛臾。冉有、季路见于孔子，曰："季氏将有事于颛臾。"

孔子曰："求！无乃尔是过与？夫颛臾，昔者先王以为东蒙主，且在邦域之中矣，是社稷之臣也。何以伐为？"

冉有曰："夫子欲之，吾二臣者皆不欲也。"

孔子曰："求！周任有言曰：'陈力就列，不能者止。'危而不持，颠而不扶，则将焉用彼相矣？且尔言过矣，虎兕出于柙，龟玉毁于椟中，是谁之过与？"

冉有曰："今夫颛臾，固而近于费。今不取，后世必为子孙忧。"

孔子曰："求！君子疾夫舍曰欲之而必为之辞。丘也闻，有国有家者，不患寡而患不均，不患贫而患不安。盖均无贫，和无寡，安无倾。夫如是，故远人不服，则修文德以来之。既来之，则安之。今由与求也，相夫子，远人不服而不能来也，邦分崩离析而不能守也，而谋动干戈于邦内。吾恐季孙之忧，不在颛臾，而在萧墙之内也。”

【说】鲁国有一个很小的附属国，叫颛臾（位于今山东费县西北），季康子要攻打它。这时子路和冉有都在季氏家里做事，就跑过来告诉孔子。

孔子怀疑这事是冉有策动的，就责备冉有说：“冉有，这难道不是你的过错吗？颛臾从前是周天子让它主持东蒙的祭祀的，它已经在鲁国的疆域之内，是鲁国的属国啊。为什么要讨伐它呢？”

冉有说：“季康子要这样做，我们两个都不愿意。”

孔子说：“你这话说不过去了。你们难道没有责任吗？古代一位史官周任有句话说：‘尽自己的力量去履行你的职务，实在做不好就辞职。’如果一个盲人遇到危险不扶持，遇到跌倒不搀扶，那么，还要那个扶助的人干什么？老虎和犀牛从笼子里跑出来了，龟甲和美玉在匣子里碎了，难道不怪看守和保管的人吗？”

冉有说：“现在颛臾的城墙很坚固，而且离费邑很近。如果现在不把它夺取过来，怕有后患呢。”

孔子说：“冉有啊，我最讨厌那些口是心非、又要制造借口的人。我听说诸侯和大夫不怕人少，怕的是贫富不均；不怕人口少，怕的是不安定。因为财富平均就没有贫穷，和睦团结就不觉得人口少，境内安定就不会有倾覆的危险。像这样做，如果远方的人还不归服，那就再修仁义礼乐的政教来招致他们。他们来归服了，就让他们安心生活。现在子路和你辅助季康子，不能使境内的民众生活安定，不能让远方的人愿意往这里来投奔，国家分崩离析而不能保全，现在又要谋划在内部动起干戈了。我恐怕季康子的忧患不在颛臾，而在朝廷之内鲁君身上呢！”

16.2 孔子曰：“天下有道，则礼乐征伐自天子出；天下无道，则礼乐征伐自诸侯出。自诸侯出，盖十世希不失矣；自大夫出，五世希不失矣；陪臣[①]执国命，三世希不失矣。天下有道，则政不在大夫；天下有道，则庶人不议。”

【说】春秋时期的政治文化变革，从表现形式上来看，就是像孔子这句话说的那样，“礼乐征伐自天子出”演变为“礼乐征伐自诸侯出”，随后进一步演变为“自大夫出”“陪臣执国命”的现象。表面上看是天子、诸侯的权柄丢失，本质上是西周建立起来的严格的宗法制度，已经处于逐渐解体的过程中。

“礼乐征伐自诸侯出”，早在春秋初年郑庄公、齐桓公“挟天子以令诸侯”时就开始了。而政“自大夫出”，从晋国开始发生大夫专政，最后逐渐演变成各诸侯国政治形势发展变化的共同趋势，三家分晋、田氏代齐，开启了战国七雄对峙的局面。

孔子说：“天下有道，则礼乐征伐决定于天子；天下无道，则礼乐征伐决定于诸侯。由诸侯专政，大概经过十代后很少有不垮台的。由大夫专政，经过五代后很少有不垮台的。由家臣执掌国家政权，经过三代后很少有不垮台的。天下有道，国家政权就不会落在大夫手中。天下有道，老百姓也就不会议论国家政治了。”

---

① 陪臣：卿、大夫的家臣。

孔子所言十世，如果以齐国来说，自齐桓公九合诸侯开始，历经孝、昭、懿、惠、顷、灵、庄、景、悼、简，到陈恒弑简公，正好十世；如果以晋国来说，自晋文公称霸开始，历经襄、灵、成、景、厉、悼、平、昭、顷，也是十世，晋顷公死于权臣之手；以鲁国来说，自鲁隐公僭用礼乐，历桓、庄、闵、僖、文、宣、成、襄、昭，也是十世，鲁昭公被逐，政事落到三桓之手。这大概是巧合吧，或者是孔子总结的历史经验。

孔子认为，当时的社会形势越来越坏，是天下无道的时期。所谓无道，是一种从历史比较中得出的结论。孔子的看法不一定完全符合客观实际，但孔子应该是按着对历史的理解而说出这样的话的。受到个人和时代的局限，孔子仅仅看到社会局势在变，看不到这样的局面还要变下去，所以他从自己的认知和理解出发，站在善的立场上，总是希望社会还是要变回到严格的宗法制度上来。可惜的是，孔子的想法，不符合历史现实和发展趋势，而最终落空了。

16.3 孔子曰：“禄之去公室五世矣，政逮于大夫四世矣，故夫三桓之子孙微矣。”

【说】孔子说：“国家政权离开鲁国公室已经有五代了，政权落到大夫手中也已经四代了，所以鲁桓公的三家子孙都衰微了。”

孔子话有所指。当时鲁国国君丧失政治权力，即大权旁落、爵禄不自公室出，到孔子说这话的时候，已经经历了宣公、成公、襄公、昭公、定公五代。自季氏把控鲁国政权到孔子说这话的时候，已经经历了季文子、武子、平子、桓子四代。所谓三桓，是指鲁桓公的后世子孙，即孟孙、叔孙、季孙，当时的鲁国三卿。

16.4 孔子曰：“益者三友，损者三友。友直、友谅、友多闻，益矣；友便辟、友善柔、友便佞，损矣。”

【说】孔子说：“有益的朋友有三种，有害的朋友有三种。与正直的人交朋友、与诚实守信的人交朋友、与见多识广的人交朋友，是有好处的。与逢迎谄媚且走邪门歪道的人交朋友、与表面柔顺而内心奸诈虚伪的人交朋友、与能说会道且花言巧语的人交朋友，是有害的。”

朋友是儒家五伦(君臣、父子、夫妇、兄弟、朋友)中的一伦。孔子认为，交友的目的指向仁，即朋友可以辅助、帮助自己成人。

16.5 孔子曰：“益者三乐，损者三乐。乐节礼乐、乐道人之善、乐多贤友，益矣；乐骄乐、乐佚游、乐宴乐，损矣。”

【说】孔子说：“对人生有益的快乐有三种，对人生有害的快乐也有三种。以爱好礼乐（用礼乐节制个人的行为）为快乐、以称赞他人的优点为快乐、以结交贤明的朋友为快乐，这是对人生有益的三种快乐。以纵情极欲为快乐、以游手好闲为快乐、以吃喝玩乐为快乐，这是对人生有害的三种快乐。”

16.6 孔子曰：“侍于君子有三愆：言未及之而言谓之躁，言及之而不言谓之隐，未见颜色而言谓之瞽。”

【说】孔子说："陪伴君子容易犯三种错误：还没轮到自己说话却抢着说了，这叫作急躁。轮到自己说话时却不说，这叫作隐瞒。没有察言观色就开口说话，这叫作瞎眼（不会看别人脸色）。"

16.7 孔子曰："君子有三戒：少之时，血气未定，戒之在色；及其壮也，血气方刚，戒之在斗；及其老也，血气既衰，戒之在得。"

【说】孔子说："君子有三种情况要警戒：年少时，血气不定，要注意戒女色。壮年时，血气方刚，要注意戒争斗。年老时，血气衰弱，要注意戒贪得。"这是孔子的经验之谈。

16.8 孔子曰："君子有三畏：畏天命，畏大人，畏圣人之言。小人不知天命而不畏也，狎大人，侮圣人之言。"

【说】孔子说："君子有三种敬畏。敬畏天命，敬畏居高位者，敬畏圣人的言论。小人不知道天命而不加敬畏，轻慢居高位者，轻侮圣人的言论。"君子知敬畏，而小人是无知者无畏。

16.9 孔子曰："生而知之者上也，学而知之者次也；困而学之，又其次也；困而不学，民斯为下矣。"

【说】孔子说："人一生下来就懂得万事万物的道理的，是上等人。经过后天的学习才懂得万事万物的道理的，是次一等的。遇到困难才知道去学习并能掌握道理的，是再次一等的。遇到困难仍不知道去学习求知的，就是最下等的了。”

在孔子眼里，人分四等。然而，谁是生而知之者呢？在今天看来，决定因素，不是天性，而是教育。所有的接受教育者，都会因教育而给他的人生带来积极的好处。而沦为社会底层的人，往往是那些不愿意学习、不接受教育的人。对社会上大多数的人来说，教育是改变人生的唯一途径。

16.10 孔子曰：“君子有九思：视思明，听思聪，色思温，貌思恭，言思忠，事思敬，疑思问，忿思难，见得思义。”

【说】孔子说：“君子有九种考虑。看的时候要思考是否看得准确、明白；听的时候要思考是否听得清楚，是否听出弦外之音、听出潜在的含义、听出只可意会而不可言传的东西来；待人接物时要思考脸色是否温和可亲；容貌是否得体、态度是否谦恭；说话时要思考说的是否是想要说的话、是否能够做到言而有信；做事的时候要思考是否专注认真、心无旁骛；遇到难题时想着要向别人学习、请教；想要发怒的时候要思考发怒可能产生的后果；当获得好处的时候要思考这种好处是否合乎道义。”

16.11 孔子曰：“见善如不及，见不善如探汤。吾见其人矣，吾闻其语矣。隐居以求其志，行义以达其道。吾闻其语矣，未见其人也。”

【说】孔子说："看到好事就像赶不上一样努力追求，见到坏事就像将手伸进开水中一样迅速避开。我见过这样的人，也听到过这样的话。（条件不许可时）隐居起来以保全自己的志向，（条件许可时）依义而行来弘扬大道。我听到这样的话，但没有见过这样的人。"

16.12 齐景公有马千驷，死之日，民无德而称焉。伯夷、叔齐饿于首阳之下，民到于今称之。其斯之谓与?

【说】齐景公有四千匹马，他去世的时候，老百姓没有谁说他好话。伯夷、叔齐饿死在首阳山下，老百姓至今仍在称颂他们的美德。

一个人的价值和社会影响，不以他拥有的财富多少而论，而是以他的德行高下而论，说的就是这个意思吧。

16.13 陈亢问于伯鱼[①]曰："子亦有异闻乎？"

对曰："未也。尝独立，鲤趋而过庭。曰：'学诗乎？'对曰：'未也。''不学诗，无以言。'鲤退而学诗。他日，又独立，鲤趋而过庭。曰：'学礼乎？'对曰：'未也。''不学礼，无以立。'鲤退而学礼。闻斯二者。"

---

① 伯鱼：孔子之子，名鲤，字伯鱼。据说他出生的时候，鲁昭公送来一条鲤鱼作为贺礼。孔子为儿子取名鲤，以示纪念和感恩。

陈亢退而喜曰："问一得三，闻诗，闻礼，又闻君子之远其子也。"

【说】孔子的其他弟子猜测孔子会在教学上照顾孔鲤。所以陈亢（子禽）问孔鲤："你听没听到过老师的特殊教诲呢？"

孔鲤说："没有啊。有一次，父亲一个人独自站在庭院中，我恭敬地快步走过。父亲问：'学习《诗经》了没有？'我说：'没有。'父亲说：'不学习《诗经》，就说不出得体的话。'我回去以后就开始学习《诗经》。又有一次，父亲还是独立院中，我恭敬地快步走过。父亲问：'学礼了没有？'我说：'没有。'父亲就说：'不学礼就无法立身处世啊。'我后来就开始学礼。我单独听到父亲的教诲，就这两次。"

陈亢回去以后，兴奋地总结道："我问孔鲤一个问题，却得到三点收获。一是懂得了学习《诗经》的意义，二是明白了学礼的价值，三是我知道了君子不会偏爱自己的儿子。"

16.14 邦君之妻，君称之曰夫人，夫人自称曰小童；邦人称之曰君夫人，称诸异邦曰寡小君；异邦人称之亦曰君夫人。

【说】国君的妻子，国君称她为夫人，她自称为小童；国人称她为君夫人，对外国人则称她为寡小君；外国人也称她为君夫人。

阳货篇第十七

17.1 阳货[①] 欲见孔子，孔子不见，归孔子豚。

孔子时其亡也，而往拜之。

遇诸涂。

谓孔子曰："来！予与尔言。"曰："怀其宝而迷其邦，可谓仁乎？"曰："不可。好从事而亟失时，可谓知乎？"曰："不可！日月逝矣，岁不我与！"

孔子曰："诺，吾将仕矣。"

【说】把持鲁国国政的季桓子，有三个有实权、有势力的家臣，分别是阳虎、仲梁怀和公山不狃。他们彼此想要消灭掉对方，夺取更多的权益，所以他们想尽办法壮大自己的实力。

阳虎想见孔子，孔子不想见他。这是有缘由的，据《史

---

① 阳货：阳虎，名虎、字货，季氏家臣。曾一度掌握季氏一家的大权，从而掌握鲁国的大权。孔子讲"陪臣执国命"，说的就是阳虎这类人的行为。

记·孔子世家》载，有一年季孙氏大宴鲁国士人，十七岁的少年孔子上门赴宴，却被管家阳虎挡在外边，不仅没有赴成宴，还被阳虎数落了一番。后来孔子名气越来越大，阳虎便想笼络孔子，提出要见孔子，但孔子避而不见。聪明的阳虎想了一个办法，送一头烤猪给孔子。按礼节，孔子应当上门拜谢。孔子打听到阳虎不在家时，往阳虎家拜谢。不巧的是，他们在半路上碰见了。

阳虎居高临下地对孔子说："过来，我有话要跟你说。"接着说："有一身本领却怀揣着不用，而听任国家混乱，这叫作仁心吗？"他又接着自己回答说："不可以。想要做事却又屡次错过机会，这可以说是聪明吗？"他又自己回答说："不可以。时间一天天过去了，岁月是不等人的。"

孔子只好说："好吧，我就要出来做官了。"

17.2 子曰："性相近也，习相远也。"

【说】孔子说："人的天性本来相近，因为习惯的影响才相去甚远。"

可以进一步说，孔子的意思是，所有的人，其本性没有什么不同，只是在后天的生活环境中才有了不同。孔子强调人与人之间的差异是后天习染的结果。所以，努力学习、学以成人才是重要的。

17.3 子曰："唯上知与下愚不移。"

【说】孔子说："只有崇尚智慧和轻视愚蠢的习俗风尚，是千古不变的。"

17.4 子之武城，闻弦歌之声。夫子莞尔而笑，曰："割鸡焉用牛刀？"

子游对曰："昔者偃也闻诸夫子曰：'君子学道则爱人，小人学道则易使也。'"

子曰："二三子！偃之言是也。前言戏之耳。"

【说】孔子的学生子游，在武城当地方官的时候，就将孔子把音乐作为政治和道德教化工具的主张，运用到实践之中。

有一次孔子游历到武城，听到弹琴唱歌的声音，就笑了，说："杀鸡何必用宰牛的刀呢？"

子游答道："以前我听老师说过：'君子学习了礼乐就能爱人，普通人学习了礼乐就容易指使。'我是在实行老师的主张啊。"

孔子说："学生们，子游说得对啊。我刚才是和他开玩笑呢。"

"弦歌之声"是以乐为中心的教育。子游将以乐为中心的教育普及到民间，以达到教化的目的。这是孔子的政治理想，所以孔子很高兴。

17.5 公山弗扰[①]以费畔，召，子欲往。

子路不说，曰："末之也，已，何必公山氏之之也？"

子曰："夫召我者，而岂徒哉？如有用我者，吾其为东周[②]乎！"

---

① 公山弗扰：又称公山不狃，季氏家臣。

② 东周：在东方复兴周礼。

【说】在季桓子三个有势力的家臣相互倾轧的过程中，仲梁怀被阳虎压制，阳虎后来战败逃往齐国，最终只剩下公山不狃了。公元前 501 年，公山不狃占据鲁国的费城，想以此为根据地反抗季桓子。

因为公山不狃知道孔子讨厌季氏的专横，同时孔子既有声望又有本领，他想请孔子来壮大声势。孔子也许是沉寂了许久，一直没找到展示抱负的机会，这次公山不狃相邀，孔子有些心动，想要借此机会施展一番抱负。

可是他的学生们却不高兴了。首先是年龄最大的子路，他觉得老师天天讲君君臣臣，因为不赞成季氏专横才不出来做事，现在公山不狃的行为也是要犯上作乱，不解孔子为什么要去给他帮忙。子路说："没有地方去就算了，何必要到公山氏那里去呢？"

孔子解释说："他们请我，难道是要让我白跑一趟吗？我也不是随便就去的。真的有人用我，我是想让周朝的礼制重现于东土。"孔子认为，假如有人用他治世，他将使周文王之道在东方复兴。孔子考虑的是有没有机会将无道的社会变成有道的社会。

但是孔子内心是矛盾的。他下不了决心，最终没有去。

17.6 子张问仁于孔子。孔子曰："能行五者于天下为仁矣。"

"请问之。"曰："恭、宽、信、敏、惠。恭则不侮，宽则得众，信则人任焉，敏则有功，惠则足以使人。"

【说】子张向孔子请教什么是仁。孔子说："能够践行五种品格，就可以称为一个仁者了。"

子张问："请问哪五种？"孔子回答说："恭敬、宽厚、诚信、勤敏、慈惠。若能恭敬待人，则别人也会尊敬自己，自然不会受到侮辱；若能宽厚待人，则众望自然归于自己，就能得到大家的拥护；若能诚信、言行相符，则众人自然会信任自己；临事若能洞察秋毫、虑事深远、处置得当，自然可以取得成功；对人若能施予恩惠，他人自然感恩戴德、听任指挥。"孔子回答子张的提问，侧重于一个仁者的社会实践方面。

17.7 佛肸[①]召，子欲往。

子路曰："昔者由也闻诸夫子曰：'亲于其身为不善者，君子不入也。'佛肸以中牟畔，子之往也，如之何？"

子曰："然，有是言也。不曰坚乎，磨而不磷；不曰白乎，涅而不缁。吾岂匏瓜也哉？焉能系而不食？"

【说】在晋国大夫赵简子和晋国的另外两个贵族范氏、中行氏相互攻打的时候，赵简子的家臣佛肸趁机占据中牟，独立起来。他企图打击赵简子的威信，趁机捞取权益。这种情形很像鲁国的公山不狃占据费城反对季氏。

佛肸也让人来请孔子，意图同样是想借孔子来壮大声威。佛肸看到孔子彷徨无路，也知道孔子因赵简子杀了两个贤人（窦鸣犊和舜華）而对赵简子不满，所以佛肸以为孔子极有可能到他那里去。孔子果然想去。

子路又站出来反对："我听老师说过，'如果一个人本身行为

① 佛肸（bì xī）：晋国大夫赵简子家臣。

不正当，好人是不与他合作的。’现在佛肸在中牟发动叛乱，你却要前去，这是怎么回事呢？”

孔子说：“是啊，我是说过这样的话。但是，真正坚硬的东西磨不成薄片，真正洁白的东西染不成黑色。我又不是一个苦味的葫芦，怎能总是挂在那里不让人吃呢？”

儒家的精神是入世的，儒家的思想不仅仅是理念，儒家的理念必须注入实践，必须身体力行，必须见之于事功，所以孔子才有“匏瓜”之喻，目的是将“大丈夫当出世建功立业”的道理告诉子路。

不过当时晋国的情况太混乱了，孔子最终也没有到中牟去。

17.8 子曰：“由也！女闻六言六蔽矣乎？”对曰：“未也。”

“居！吾语女。好仁不好学，其蔽也愚；好知不好学，其蔽也荡；好信不好学，其蔽也贼；好直不好学，其蔽也绞；好勇不好学，其蔽也乱；好刚不好学，其蔽也狂。”

【说】孔子说：“子路啊，你听说过有六种品德就有六种毛病了吗？”子路回答说：“没有。”

孔子说：“坐下，我来告诉你。好仁德而不好学习，它的毛病是使人变得愚蠢，易受愚弄、不辨轻重；好智慧而不好学习，它的毛病是使人放荡不羁，好高骛远不能脚踏实地；好诚信而不好学习，它的毛病是让人容易被他人利用，甚至伤害社会、他人利益；好直率而不好学习，它的毛病是过于急切、尖酸刻薄，容易出口伤人；好勇敢而不好学习，它的毛病是让人容易惹是生非、犯上作乱；好刚强而不好学习，它的毛病是让人轻率狂妄自大。”

孔子的“六言六蔽”列举了具体德行之弊端，并揭示其普遍性。所有的德行都有它的弊病，而且德行的弊病甚至比恶行更难识别和防范。怎么办？孔子给子路提的建议是学习，通过学习，知其然更要知其所以然，从而增强识别和防范德行弊病的能力。

17.9 子曰：“小子何莫学夫《诗》?《诗》可以兴，可以观，可以群，可以怨。迩之事父，远之事君，多识于鸟兽草木之名[①]。”

【说】孔子把诗歌作为教学的重要科目之一，他以更加广阔的视野来评价诗歌的价值。孔子说：“年轻人为什么不多学习《诗》呢？《诗》，可以教人借景抒情，可以教人观察民风，可以教人与他人融洽相处，可以教人讽谏不良的政治。近，可以教人侍奉父母；远，可以教人侍奉国君。此外，还可以从中知道人们言谈之中花草树木、飞禽走兽等自然之物的象征意义。这是与人交往必备的知识和技能。”

孔子这句话，认定《诗》是美与善的统一体，点明了《诗》对人生社会和政治所起到的作用。诗为什么会有这些作用？这些作用来自诗歌创作时由个体（作者）感情通向群体感情的联系和桥梁。可以兴，是由作者纯正真挚的感情，感染读者，净化读者心灵，激发读者的意志。可以观，是指读者可以通过诗歌观风俗

① 多识于鸟兽草木之名：多认识动物和植物，了解自然征兆的象征意义。

之盛衰，探究生活的深度与广度，从而照亮人生的本质与究竟。可以群，是指乐者为同，感情的共鸣，使人与人之间的障碍，自然而然地就消除了。可以怨，是因为诗歌是现实的投射，悲剧更接近生活的本质，深刻的批评将反作用于现实。兴、观、群、怨，这四项功能，是对诗（也包括其他类文学作品）深刻透彻的点评。

17.10 子谓伯鱼曰："女为《周南》《召南》[①]矣乎？人而不为《周南》《召南》，其犹正墙面而立也与！"

【说】孔子对他的儿子伯鱼说："《诗经》中的《周南》《召南》这两部分你学了吗？不学习《周南》《召南》，就像一个面向墙根站立、看不见也迈不开步的傻子啊！"看来，对儿子，孔子也是着重强调学习诗歌。

孔子的逻辑是，修身齐家治国平天下，以修身为本。不学诗，不修自身，如同面墙而立，看不见任何东西。

17.11 子曰："礼云礼云，玉帛云乎哉？乐云乐云，钟鼓云乎哉？"

【说】孔子说："我们讲礼，难道只是讲玉帛等礼器吗？我们讲乐，难道只是指怎样撞钟敲鼓吗？"相对于形式，孔子更注重实质，孔子认为礼不仅有形式，而且一定要追求形式背后的精神实质。

---

①《周南》《召南》:《诗经·国风》的前两组诗歌，分别是周公和召公治下两个地区的诗歌，内容主要是男女情爱、夫妇人伦、修身齐家之事。

17.12 子曰："色厉而内荏，譬诸小人，其犹穿窬之盗也与？"

【说】孔子说："有些人外表强硬而内心怯弱，若拿小人行径做比喻，大概就像钻洞爬墙进入别人家的盗贼吧？"色厉内荏者与盗贼的共同之处，大概是都在不见人处做恶事。

17.13 子曰："乡愿，德之贼也。"

【说】孔子说："那些不论是非的、伪善的老好人，是道德和风气的败坏者。"

道德的精神在于诚。如果脱离了诚，假借道德的名义以便其私，这就是乡愿。乡愿之徒，就是平时所讲的好好先生，与谁的关系都处理得很好，含含糊糊，八面玲珑，左右逢源，所有的人都说他好。乡愿之徒以媚世的态度作为立身处世的原则，这种人表里不一，没有原则立场，模糊道德界限，行为极具隐蔽性，是貌似忠厚而实与流俗合污的伪君子，具有极大的社会危害性。

17.14 子曰："道听而涂说，德之弃也。"

【说】孔子说："路上听到的就随便到处说，这是应该放弃的坏习惯。"

17.15 子曰："鄙夫可与事君也与哉？其未得之也，患得之；既得之，患失之。苟患失之，无所不至矣。"

【说】孔子说："那些庸俗浅陋的人，可以和他一起在朝廷上共事吗？他们还没有得到职位的时候，总担心得不到。得到职位后，又怕失去它。如果他担心失掉职位，那他什么事都能干得出来！"

17.16 子曰："古者民有三疾，今也或是之亡也。古之狂也肆，今之狂也荡；古之矜也廉，今之矜也忿戾；古之愚也直，今之愚也诈而已矣。"

【说】孔子说："古时候民众有三种毛病，今天或许都没有了。古时候的狂人敢说敢做，高调张狂，但他们不脱离道德和礼法的约束；今天的狂人恣意妄为，放荡不羁，不知廉耻，完全没有礼法规矩。古时候的矜持之人棱角分明，傲气凌人，但他们为人处世都很方正、不失自尊；今天的矜持之人多怒好争，乖张暴戾，凶恶蛮横，往往无廉耻地逞意气之争。古时候的愚人一般都是老实巴交，头脑简单，任性率直，常常是认死理，不撞南墙不回头。今天的愚人外表老实，内心却常要小聪明，善于伪装骗人。"

17.17 子曰："巧言令色，鲜矣仁。"

【说】孔子说："花言巧语的人往往心怀不良，很少有仁人。"与《学而篇》第 3 章相同。

17.18 子曰："恶紫之夺朱也，恶郑声之乱雅乐也，恶利口之覆邦家者。"

【说】孔子说："我憎恶紫色夺去了朱红色的光彩，憎恶郑声扰乱了雅乐的地位，憎恶伶牙俐齿颠覆了国家政权的人。"孔子求真，反对以邪代正、以假乱真。

17.19 子曰："予欲无言。"子贡曰："子如不言，则小子何述焉？"子曰："天何言哉？四时行焉，百物生焉，天何言哉？"

【说】孔子说："我不想再说话了。"子贡说："你如果不说话，那我们传述什么呢？拿什么作为思想行为的准绳呢？"孔子回答说："天说什么了吗？这不是一样有春夏秋冬，有万物生长吗？天说过什么吗？"

说这话的时候，大概是孔子在考虑身后的事情了吧。天不言而万物各得其所，天不言而万物自有其生养。孔子希望他的事业、他理想中的社会，也能够如此。孔子对实现社会理想的期盼，可以说是至死不休。

17.20 孺悲[①] 欲见孔子，孔子辞以疾。将命者出户，取瑟而歌，使之闻之。

【说】孺悲受鲁哀公委派登门欲见孔子，孔子不想见他，命人传话，说有病不能接待。传口信的人刚出房门，孔子却又把瑟

① 孺悲：鲁国人，鲁哀公曾经派他去向孔子学习丧礼，事见《礼记·杂记》。

取出，鼓瑟而歌，故意让孺悲听见。

孔子结束周游列国返鲁后，被尊为国老，鲁哀公、季康子经常向孔子咨询政事。由于理念不同，孔子渐受冷落。鲁哀公不再亲自问政，而是派遣孺悲前来问礼。孔子先称病不见，后取瑟而歌，使孺悲知晓他对鲁哀公的不满。

17.21 宰我问："三年之丧，期已久矣！君子三年不为礼，礼必坏；三年不为乐，乐必崩。旧谷既没，新谷既升，钻燧改火，期可已矣。"

子曰："食夫稻，衣夫锦，于女安乎？"曰："安！"

"女安，则为之！夫君子之居丧，食旨不甘，闻乐不乐，居处不安，故不为也。今女安，则为之！"

宰我出。子曰："予之不仁也！子生三年，然后免于父母之怀。夫三年之丧，天下之通丧也，予也有三年之爱于其父母乎！"

【说】宰我说："父母去世，服丧三年，时间太长了。试想君子三年不习礼仪，礼仪必然败坏；三年不演奏音乐，音乐就会荒废。旧谷已经吃完，新谷已经登场，取火用的燧木已经轮换了一遍，服丧一年期就可以了。"

孔子说："丧期不满三年就吃大米饭，穿锦缎，对你来说，这样心安吗？"宰我说："安！"

孔子说："你心安，就那样去做吧！君子服丧，吃美味不觉得香甜，听音乐不感到快乐，住在家里不觉得舒适安宁，所以才不那样做。如今你既觉得心安，你就那样去做吧！"

宰我出去了。孔子说："宰予真是不仁啊！小孩生下来，到三岁时才能离开父母的怀抱。为父母服丧三年，这是天下通行的丧礼。难道宰予就没有得到父母三年的爱护吗？"

孔子要求守丧三年是循古制，但他也给出了自己的理由：一是从情感出发衡量行为的道德意义，二是以三年之礼回报父母之爱的具体要求。从中可以看出，孔子以人的心理情感作为依据，从而将现实中的礼与人们内在的心理认同结合起来。

17.22 子曰："饱食终日，无所用心，难矣哉！不有博弈者乎？为之，犹贤乎已。"

【说】孔子说："饱食终日，凡事不操心，没有事情干，真的难以成器！不是有掷骰子下棋这些游戏吗？做做这些，也比什么都不干要好。"孔子认为懒惰的人极其糟糕，无所事事最终会走向堕落。

17.23 子路曰："君子尚勇乎？"子曰："君子义以为上，君子有勇而无义为乱，小人有勇而无义为盗。"

【说】子路问："君子崇尚勇敢吗？"孔子说："君子以义为上。君子有勇无义就会犯上作乱，小人有勇无义就会变成强盗。"真正的勇敢，应当跟着道义走。用道义来制约、规范勇敢。

17.24 子贡曰："君子亦有恶乎？"子曰："有恶。恶称人之恶者，恶居下流而讪上者，恶勇而无礼者，

恶果敢而窒者。”

曰：“赐也亦有恶乎？”“恶徼以为知者，恶不孙以为勇者，恶讦以为直者。”

【说】子贡问：“君子也有憎恶吗？”孔子说：“有。君子憎恶讲别人坏话的人（因为君子成人之美，不成人之恶），憎恶身居下位却毁谤身居上位者的人（因为对居上位者可以劝谏，不可毁谤），憎恶勇而无礼的人（因为这类人容易犯上作乱），憎恶果敢却顽固不化的人（因为这类人容易恣意胡来）。”

孔子接着问子贡：“你也有所憎恶吗？”子贡说：“我厌恶窃人之意而归为己有却自认聪明的人，厌恶把无礼触犯他人的不谦虚说成勇敢的人，厌恶好揭人隐私却自认直爽的人。”

17.25 子曰：“唯女子与小人为难养也，近之则不逊，远之则怨。”

【说】孔子说：“只有那些女子和小人很难相处。亲近了他们会放肆无礼，疏远了他们会埋怨忌恨。”

17.26 子曰：“年四十而见恶焉，其终也已。”

【说】孔子说：“到了四十岁还被他人厌恶，这一辈子也算是完了。”

一般来讲，四十岁是人生成熟定型阶段。如果到这个岁数还稀里糊涂，那这个人的一生真的是就这样了。

微子篇第十八

18.1 微子[1]去之，箕子[2]为之奴，比干[3]谏而死。孔子曰："殷有三仁焉。"

【说】微子离开了纣王，远离是非之地，回到自己的封地，后成为宋国始祖，延续了殷商皇族血脉。箕子无奈，佯装癫狂，做了纣王的奴隶，忍辱偷生，传播了知识火种。比干挺身而出，冒死上谏，被纣王剖心而死，杀身成仁。孔子说："殷商有三位仁者。"

三人行为不同，结局不同，但孔子均许他们为仁。可见，孔子的评价标准不仅是行为和结果，更为重要的是态度和信念，微子、箕子和比干三人虽然行迹不同，但他们置个人生死安危于度外，忧宗国、爱民众之心并无不同。所以，孔子说："殷商有三

① 微子：商纣王的同母兄。名启。
② 箕子：商纣王的叔父。
③ 比干：商纣王的叔父。

位仁者。”

18.2 柳下惠为士师，三黜。人曰：“子未可以去乎？”曰：“直道而事人，焉往而不三黜？枉道而事人，何必去父母之邦？”

【说】柳下惠做狱官，多次被罢免。有人问：“您不可以离开鲁国到别的地方去吗？”他说：“用正直之道为官，去哪里能避免不被多次罢免呢？不用正直之道做官，又为什么一定要离开故土家园呢？”

18.3 齐景公待孔子曰：“若季氏，则吾不能。以季、孟之间待之。”曰：“吾老矣，不能用也。”孔子行。

【说】公元前517年，孔子到齐国。在齐景公宠臣高昭子的帮助下，齐景公对孔子很是热情，甚至一度想把尼溪的田地封给孔子。但是，在反对儒家烦琐礼仪的名相晏子阻挡下，齐景公逐渐疏远了孔子。

齐景公谈到如何对待孔子时说：“如果像鲁国对待季孙氏那样，拿有权的上卿位置给他，那我做不到。如果像鲁国对待孟孙氏那样，拿无权的下卿位置给他，我也不肯那样做。那么，我按季孙氏、孟孙氏之间的位置对待他吧。”这话自然是要冷落孔子的。

最后，齐景公终于坦白：“我老了，精力不济，不能再用孔子了。”孔子听说后，离开了齐国。

18.4 齐人归[1]女乐[2]，季桓子[3]受之，三日不朝，孔子行。

【说】史载，孔子在鲁国做官，取得了一些成绩，引起齐国的不安。为离间鲁定公、季桓子和孔子的关系，齐国利用鲁定公、季桓子耽于享乐，送了八十名美女、一百二十匹好马给鲁定公。这些美女和骏马到了曲阜南门，暂时停留在那里。他们没敢进城，怕的是孔子反对。鲁定公没有去迎接，就打发季桓子去看看。季桓子换上平民服装去看了几次，越看越是舍不得。于是季桓子和鲁定公商定，装作外出巡视，但是一出门就停留在南门外，沉醉在歌舞中。对政事也不过问了，三天不上朝。

于是，孔子便辞职离开了。

18.5 楚狂接舆歌而过孔子曰："凤兮凤兮，何德之衰？往者不可谏，来者犹可追。已而，已而！今之从政者殆而！"

孔子下，欲与之言。趋而辟之，不得与之言。

【说】孔子停留在去楚国路上，进退两难。一天，一个楚国人好像疯疯癫癫的，走近孔子的车子，唱着这样的歌："凤啊，凤啊，为什么这么狼狈？过去的过去了，未来的还可挽回。算了，算了，现在当权的都是些败类！"

---

① 归：同"馈"，赠送。

② 女乐：歌舞伎。

③ 季桓子：季孙斯，鲁国执政上卿。

孔子听到这样的歌，赶快下车，想同这个唱歌的人谈谈，可是那个人已经跑远了。

18.6 长沮、桀溺耦而耕[①]，孔子过之，使子路问津焉。

长沮曰："夫执舆者为谁？"子路曰："为孔丘。"曰："是鲁孔丘与？"曰："是也。"曰："是知津矣。"

问于桀溺。桀溺曰："子为谁？"曰："为仲由。"曰："是鲁孔丘之徒与？"对曰："然。"曰："滔滔者天下皆是也，而谁以易之？且而与其从辟人之士也，岂若从辟世之士哉？"耰[②]而不辍。

子路行以告。夫子怃然曰："鸟兽不可与同群，吾非斯人之徒与而谁与？天下有道，丘不与易也。"

【说】孔子在回卫国的路上，看见长沮、桀溺在那里一起耕地。孔子让子路去询问渡口在哪里。

子路将赶车的马缰绳交给孔子，下车来问路。当子路开口问路时，长沮却抢先反问子路："坐在车子上拿着马缰绳的人是谁？"子路说："是孔丘。"长沮又问："是鲁国的孔丘吗？"子路说："是的。"长沮说："那他应该已经知道渡口的位置了。"意思是孔子满世界到处跑，难道还不知道一个小小的渡口的位置？

子路于是又向满脚是泥的桀溺问路。桀溺说："你是谁？"

① 长沮、桀溺，两位隐士。耦而耕，两人合耕。

② 耰：用土覆盖种子。

子路说："我是仲由。"桀溺说："你是孔丘的弟子吗？"子路说："是的。"桀溺便说："现在全天下到处都是乱哄哄的，你们能同什么人去改变这世道？你与其跟着躲避坏人而东奔西走的孔丘到处跑，还不如跟着我们躲避社会、不问世事呢！"说完，仍旧不停地做农活，不再搭理子路了。

长沮讥笑孔子应为知津之人，桀溺指责孔子只知避人、不知避世，他们劝子路自食其力、避世不出。

子路回来告诉孔子。孔子听了，怅然若失，他满怀忧愁地说："我们不可和鸟兽合群共处，我们不和人群交往又与什么交往呢？如果天下太平了，我还到处跑什么？如果天下太平，我也不用与你们一起进行变革了。"两位耕者的话触动了孔子，引起他的无限感慨。孔子没有像长沮、桀溺那样隐世，而是积极地谋求改变世道，这就是孔子的精神——热爱这个社会，尽职于这个社会，为了社会的美好前景永不停息地忙碌。

18.7 子路从而后，遇丈人，以杖荷蓧。子路问曰："子见夫子乎？"丈人曰："四体不勤，五谷不分。孰为夫子？"植其杖而芸。子路拱而立。止子路宿，杀鸡为黍而食之，见其二子焉。

明日，子路行以告。子曰："隐者也。"使子路反见之。至，则行矣。

子路曰："不仕无义。长幼之节，不可废也；君臣之义，如之何其废之？欲洁其身，而乱大伦。君子之仕也，行其义也。道之不行，已知之矣。"

【说】子路跟着孔子出行，落在了后边。他不知道孔子他们走的哪一条路，便找人问路。他遇到一个拄着拐杖、背着柳条筐的老丈。子路问道："你看到我的老师了吗？"老丈说："你们这些人四肢不勤，五谷不分，什么老师不老师的！"说完，便放下拐杖去拔草了。子路拱着手恭敬地站在一旁。天晚了，老丈留子路到他家住宿，杀了鸡，做了小米饭给子路吃，让两个儿子出来拜见子路。

第二天，子路赶上孔子，把这件事告诉了孔子。孔子说："这是个隐士啊。"让子路回去再看看他。子路回到了那里，老丈已经走了。

子路说："不做官是没有道理的。长幼之间的关系，是不可能废弃的；君臣之间的关系，又怎么能废弃呢？为了自己一身洁净，却破坏了君臣之伦。君子出来做官，是为了践行道义。但是道义行不通，我早就知道了。"

隐身避世、洁身自好，是一个选项。知其不可为而为之，是另一个选项。孔子也有"天下有道则见，无道则隐"（《泰伯篇》）的考虑，所以他既讲"无求生以害仁，有杀身以成仁"（《卫灵公篇》），又讲"道不行，乘桴浮于海"（《公冶长篇》）。话虽如此，孔子终究是以救世为己任的。

18.8 逸民：伯夷、叔齐、虞仲、夷逸、朱张、柳下惠、少连[①]。子曰："不降其志，不辱其身，伯夷、叔齐与！"谓"柳下惠、少连，降志辱身矣，言中伦，行中虑，其斯而已矣"。谓"虞仲、夷逸，隐居放言，身中清，废中权。我则异于是，无可无不可"。

① 虞仲、夷逸、朱张、少连：事迹不可考。

【说】逸民有伯夷、叔齐、虞仲、夷逸、朱张、柳下惠、少连。孔子说："伯夷、叔齐隐居饿死，做到不降其志；不仕乱朝，做到不辱其身；伯夷、叔齐是逸民的表率啊！"孔子又说："柳下惠与少连，降志辱身，仕于乱朝，但他们的言语合乎伦理，行为经过考虑，也值得肯定。"孔子接着说："虞仲、夷逸，虽然避世隐居却放肆直言，立身清白，废弃世事合乎权变。我就和他们不一样，没有什么可以，也没有什么不可以。"

孔子的意思，可仕则仕，可逸则逸，无可无不可。什么是无可无不可？孔子的意思是说，可与不可，不是固定不变的，而是可在一定条件下相互转化的。一切依时间、地点、条件的变化而定。

18.9 太师挚适齐，亚饭[①]干适楚，三饭缭适蔡，四饭缺适秦，鼓方叔入于河，播鼗[②]武入于汉，少师阳、击磬襄入于海。

【说】这句话所说的就是"鲁哀公时，礼坏乐崩，人皆去也"（《史记·礼书》）的现象。鲁国作为周代礼乐制度的最后保存者，面临乐人离散、流落四方的境地，这是一个国家行将灭亡的末世景象。

太师挚去了齐国，亚饭乐师干去了楚国，三饭乐师缭去了蔡国，四饭乐师缺去了秦国。打鼓的方叔去了黄河地区，摇小鼓的武去了汉水地区，少师阳和击磬的襄去了海滨地区。

---

① 亚饭：周制天子和诸侯每次进食时要奏乐。亚饭即第二次进食时的乐师，名干。以下三饭缭、四饭缺，指第三次进食时的乐师，名缭；第四次进食时的乐师，名缺。

② 鼗（táo）：一种摇鼓。

音乐于乱世是没有用武之地的。文化精神的衰落、制度的崩解和人员的离散，是国家崩溃的前兆。

18.10 周公谓鲁公[①]曰："君子不施其亲，不使大臣怨乎不以。故旧无大故，则不弃也。无求备于一人。"

【说】周公对鲁公说："君王须以忠厚待人。君子不可疏远、怠慢他的亲族；对辅佐大臣应当信任、纳谏，切不可让大臣牢骚满腹抱怨不被任用。老臣故友如果没有大的过错就不要轻易地弃之不顾。对人不要求全责备，用其所长就好。"

这是周公在向其子鲁公传授安内的基本政策，目的是避免重蹈商纣刑杀大臣以致众叛亲离的覆辙。

18.11 周有八士：伯达、伯适、仲突、仲忽、叔夜、叔夏、季随、季騧。

【说】周朝有八位著名人物：伯达、伯适、仲突、仲忽、叔夜、叔夏、季随、季騧。他们都是周武王克商前后，即商周之际的人物，事迹不可考。

本篇编排有些意思，开头是"殷有三仁"，但商纣不用，终致殷商灭亡。结尾是"周有八士"，武王用之，西周兴起。成事在人啊！

① 鲁公：周公之子伯禽，封于鲁。

子张篇第十九

19.1 子张曰："士见危致命，见得思义，祭思敬，丧思哀，其可已矣。"

【说】子张说："士在危险的时候能够献出自己的生命，在有利可图的时候能够首先考虑道义，在祭祀的时候能够严肃恭敬，在居丧的时候能够真正哀伤。做到这样就可以了。"

19.2 子张曰："执德不弘，信道不笃，焉能为有？焉能为亡？"

【说】子张说："遵守道德却不能弘扬道德，信奉正道却不能坚毅笃行。这样的人，可有可无。"

19.3 子夏之门人问交于子张。子张曰："子夏云何？"

对曰：“子夏曰：‘可者与之，其不可者拒之。’”

子张曰：“异乎吾所闻。君子尊贤而容众，嘉善而矜不能。我之大贤与，于人何所不容？我之不贤与，人将拒我，如之何其拒人也？”

【说】子夏的学生问子张如何交朋友。子张问：“子夏是怎么说的？”

子夏的学生说：“子夏说，可以交往的就交往，不可以交往的就不交往。”

子张说：“这和我听到的（孔子说的）不一样啊！君子尊敬贤人也能够容纳众人，称赞好人也会怜悯不行的人。如果我是个贤明的人，对别人有什么不能容纳的呢？如果我不贤明，别人将会拒绝我，我怎么能去拒绝别人呢？”

子夏为人宽厚，所以孔子在告诉子夏交友之道时，提醒他要学会拒绝。所以子夏说：“可以交往的就交往，不可以交往的就不交往。”而子张为人刻薄苛责，所以孔子劝他要宽容，才能多交朋友。这体现出孔子因材施教的特点。

19.4 子夏曰：“虽小道必有可观者焉，致远恐泥，是以君子不为也。”

【说】子夏说：“即使是小技能，也一定有可取之处。但是，如果执着钻研这些小技艺，恐怕会妨碍从事远大的事业，所以君子不做这些事。”古人说玩物丧志，大概就是这个意思。

19.5 子夏曰："日知其所亡，月无忘其所能，可谓好学也已矣。"

【说】子夏说："每天能学到一点儿原来没有的新知识，每月不忘记已经掌握的知识，这样就可以被称为好学了。""日知其所亡"是求新，"月无忘其所能"是温故。子夏这句话是对孔子"温故知新"的阐发，是日积月累的学习方法。

19.6 子夏曰："博学而笃志，切问而近思，仁在其中矣。"

【说】子夏说："广泛学习并专心致志，切合学过但未能明白的地方请教并联系自身实际进行思考。仁就在这里边了。"子夏这句话，是对孔子学习方法的高度而精确的概括。博学是指学习时眼界要宽，笃志是指学习时精神要专。问是有疑惑的地方问他人，思是问自己。一般而言，问和思可能存在的毛病是不着调、不着边际，所以要切合所学，要联系自身实际。

19.7 子夏曰："百工居肆以成其事，君子学以致其道。"

【说】子夏说："各行各业的工匠们整天在作坊里完成他们的工作，君子通过学习来获得道。"

19.8 子夏曰："小人之过也必文。"

【说】子夏说："小人犯了过错一定会想办法去掩饰。"所谓文过饰非是也。

19.9 子夏曰："君子有三变：望之俨然，即之也温，听其言也厉。"

【说】子夏说："君子有三种变化的形象：君子远远望去很有风度，容貌庄重，可敬可畏；走到近旁相处起来也是平易近人，温和可亲；听他说话是是非非、清楚明确，义正词严，让人无法反驳。"子夏此语，正是孔子"温而厉，威而不猛，恭而安"的具体表达。

19.10 子夏曰："君子信而后劳其民；未信，则以为厉己也。信而后谏；未信，则以为谤己也。"

【说】子夏说："君子要先取得百姓的信任，然后再去役使他们。如果在没有取得百姓的信任之前就去役使他们，老百姓会认为是在虐待他们。君子应该先取得国君的信任，然后再去进谏。如果没有取得国君的信任就去进谏，国君就会认为你在毁谤他。"

跳出君民、君臣的关系，推广到一般人际关系上也是如此。只有与他人建立起信任关系，才能与他人开展良好的、有效的社会交往。建立信任是开展社交活动的前提。

19.11 子夏曰："大德不逾闲[①]，小德出入可也。"

---

① 闲：栅栏，这里指界限。

【说】子夏说："在大的德行上不能逾越是非界限，在小的德行上有些出入是可以的。"子夏所谈是待人之法，即不必求全责备于人。

不过，在《尚书·周书·旅獒》有"不矜细行，终累大德"的说法。意思是不注重小节方面的修养，到头来必定会伤及大的德行。但是，"不矜细行，终累大德"是对自己的要求。

19.12 子游曰："子夏之门人小子，当洒扫应对进退，则可矣。抑末也，本之则无，如之何？"

子夏闻之，曰："噫！言游过矣！君子之道，孰先传焉？孰后倦焉？譬诸草木，区以别矣。君子之道，焉可诬也？有始有卒者，其惟圣人乎！"

【说】子游说："子夏的学生们，做洒水扫地、接待客人、迎来送往之类的事情，是可以的。不过这些只是细枝末节的事，根本的学问却没有学到，这怎么行呢？"

子夏听了，说："唉，子游的话错了。君子的学问，哪些先传授、哪些后传授，就好比花草树木一样，各有各的不同。君子的学问，怎么能这样曲解呢？有始有终、循序渐进，大概只有圣人吧！"

子夏的意思，传授学问要有先后次序，教学内容有大小远近难易之别。子夏在教学中，将"洒扫应对进退"等日常生活事宜、各种礼仪细节的学习作为求学的开始，作为培养德行的起点。先小后大、先易后难，本身就是教学的规律。子夏的做法是符合教学规律的。

学生们的悟性、接受能力、努力程度等都有区别，这些区别在孔子那里是他因材施教的依据。显然子夏传承了孔子的这一教学思想。弟子众多，资质参差不齐，教授的内容和方法也应当有所区分。更重要的是，教与学都应当循序渐进。做好“洒扫应对进退”，实质上是践行并掌握了相关的礼仪，这足以反映出一个人的素质和修养。

19.13 子夏曰：“仕而优则学，学而优则仕。”

【说】子夏说：“官做好了可以去学习，学问做好了可以去当官。”

孔子那个时候，当官的多是贵族，大多数的官是世袭来的。“仕而优则学”是对世族子弟说的，是对没有学问却因世袭当了官的人说的。“学而优则仕”是对一般读书人说的。读书人学问做好了、道理学明白了，就可以去当官了。

为什么学问做好了要去当官？儒家的主张，是倡导读书人积极入世，将学到的知识、道理付诸实践，实现人生理想和政治主张，同时在实践中检验、提升学问。当官的世族子弟为什么要学习？因为要做好官，必须通过学习，积累知识和智慧，这样才能提高为官的能力。

进一步说，在儒家看来，实现道的两大手段——追求学问与当官（即政治实践）之间的关系，孔子在《论语·先进篇》表现出来的倾向是，先学习然后才能当官。而在子夏这里，将当官与做学问转变为互补的关系，学习然后考虑做官，不然学的知识缺乏实践就没有检验和展现的渠道；做官做得好了然后考虑学，否则做官会缺乏能力、没有正确的指引方向。子夏的这个学与仕相结合的观点，也许比孔子相应的观点更进一步。

19.14 子游曰："丧致乎哀而止。"

【说】子游说："办丧事充分体现出哀伤之情就可以了。"子游是在劝人节哀。

19.15 子游曰："吾友张也为难能也，然而未仁。"

【说】子游说："我的朋友子张在各个方面都很了不起，能做到这个程度已经非常难得了。但是，他还是没有达到仁的境界。"

19.16 曾子曰："堂堂乎张也，难与并为仁矣。"

【说】曾子说："仪表堂堂的子张啊，很难和他一起达到仁的境界。"

孔子曾评价子张说"师也过"，可见子张干什么事经常把握不住分寸，容易过火。曾子这句话的意思是说，子张外表容貌堂堂，内在修养却有欠缺，因而无法达到仁的境界。

19.17 曾子曰："吾闻诸夫子：人未有自致者也，必也亲丧乎！"

【说】曾子说："我听老师说过：人不会轻易完全充分地展露

宣泄感情。如果有，一定是在亲人死亡的时候吧。”因为人的理智会对内在的感情冲动起到一定的中和作用，所以一个人外露的感情往往是折中的。

19.18 曾子曰：“吾闻诸夫子：孟庄子[①]之孝也，其他可能也；其不改父之臣与父之政，是难能也。”

【说】曾子说：“我听老师说过：孟庄子的孝，其他方面别人也可以做到；只有他不改换父亲的旧臣和父亲的政治措施，这是别人难以做到的。”

在《论语·学而篇》中，孔子曾经说过：“三年无改于父之道，可谓孝矣。”孟庄子的孝，正是体现了孔子所说的这种孝。

孟庄子的父亲孟献子，是鲁国孟氏家族的重要人物。《大学》引用孟献子讲过的一段话，其大意是，养了四匹马拉车的士大夫之家，就不需再去养鸡养猪；祭祀用冰的卿大夫家，就不要再去养牛养羊；拥有一百辆兵车的诸侯之家，就不要去养搜刮民财的家臣。孟献子认为，国家应当以道义为重，而不是以财货为重。孟献子有这样的胸襟和见解，的确让人敬仰。孟庄子很好地继承了他父亲的政治主张，也是他正心诚意的体现。

19.19 孟氏使阳肤为士师，问于曾子。曾子曰：“上失其道，民散久矣。如得其情，则哀矜而勿喜！”

---

① 孟庄子：鲁大夫孟献子之子。

【说】鲁国的孟孙氏让曾子的学生阳肤做典狱官，阳肤向曾子请教为官之道。曾子说："在上位的人不走正道，民心离散，已经很久了。如果了解案件的真实情况，应当怜悯百姓、同情罪人，为他们感到悲哀，千万不要因为审案有功而沾沾自喜。"因为在一个不良的世道里，违法犯罪的人，大多也是受害者。

19.20 子贡曰："纣之不善，不如是之甚也。是以君子恶居下流，天下之恶皆归焉。"

【说】殷纣王是殷商末代暴君。子贡说："殷纣王的恶行也许没有传说的那么严重。殷纣王之所以得到如此之大的恶名，是因为君子非常憎恶居于下流，一旦居于下流，天下的一切坏事坏名都会归到他的头上来。"君子恶居下流，意味着君子要爱惜自己的名声，时时警省而迁善不止。

19.21 子贡曰："君子之过也，如日月之食焉。过也，人皆见之；更也，人皆仰之。"

【说】子贡说："君子的过错，好像日食月食一样。有过错时，人人都能看得见；改正过错的时候，人们都仰望着他。"

19.22 卫公孙朝问于子贡曰："仲尼焉学？"子贡曰："文武之道，未坠于地，在人。贤者识其大者，不贤者识其小者。莫不有文武之道焉。夫子焉不学？而亦何常师之有？"

【说】卫国大夫公孙朝问子贡："孔子的学问是从哪里学来的？"子贡说："周文王和武王的道，并没有失传，而是一直都在，还留在人间。贤明之士知道得多，不那么贤明的人知道得少，周文王和武王的道无处不在。我们老师从哪儿不能学呢？而且又何必有固定的老师呢？"圣人无常师。正因为无常师，能以每个人为师，他才是圣人。

19.23 叔孙武叔[①]语大夫于朝曰："子贡贤于仲尼。"子服景伯以告子贡。

子贡曰："譬之宫墙，赐之墙也及肩，窥见室家之好。夫子之墙数仞[②]，不得其门而入，不见宗庙之美、百官之富。得其门者或寡矣。夫子之云，不亦宜乎！"

【说】（由于子贡颇有功业）叔孙武叔便在朝廷上对大夫们说："子贡比孔子更高明。"子服景伯把这话告诉了子贡。

子贡说："就用围墙作比喻吧。我家围墙只有齐肩高，从墙外可以看到里面房屋的美好。我老师的围墙有几丈高，如果找不到大门走进去，就看不见里面宗庙的雄美、房屋的富丽。能够找到门走进去的人，真是太少了。叔孙武叔那么讲，不也是很自然吗？"

这段话将子贡的语言能力表现得淋漓尽致。

① 叔孙武叔：鲁国大夫，名州仇。

② 仞：古时的长度单位，约七尺或八尺。

19.24 叔孙武叔毁仲尼。子贡曰："无以为也！仲尼不可毁也。他人之贤者，丘陵也，犹可逾也；仲尼，日月也，无得而逾焉。人虽欲自绝，其何伤于日月乎？多见其不知量也。"

【说】叔孙武叔诋毁孔子。子贡说："诋毁孔子是没有用的！仲尼是毁谤不了的。别人的贤德好比小山坡，他人还可以跨越过去。仲尼的贤德好比太阳和月亮，是人们无法超越的。虽然有人要自绝于太阳和月亮，但他对太阳和月亮又有什么损害呢？只是表明他不自量力而已。"

19.25 陈子禽谓子贡曰："子为恭也，仲尼岂贤于子乎？"

子贡曰："君子一言以为知，一言以为不知，言不可不慎也。夫子之不可及也，犹天之不可阶而升也。夫子之得邦家者，所谓立之斯立，道之斯行，绥之斯来，动之斯和。其生也荣，其死也哀，如之何其可及也？"

【说】陈子禽对子贡说："你太谦恭了，孔子怎么能比你更高明？"

子贡说："君子的一句话，可以表现他的智识，也可以表现他的不智，所以说话不可以不慎重。夫子高不可及，正像上天是不能够顺着梯子爬上去一样。假如老师有机会去治理国家的话，说要百姓立于礼，百姓就会立于礼；引导百姓，百姓就会跟着施行；安抚百姓，百姓就会从远方来归服；动员百姓，百姓就会同心协力。他活着时为人尊敬，死了以后四海同悲。他人怎么可能赶得上呢？”

从这几段文字可以看出，子贡后来的名声、地位和影响，或许不在他的老师孔子之下。司马迁《史记·货殖列传》中也讲道，“夫使孔子名布扬于天下者，子贡先后之也。”当时经商成功，几可以与国君分庭抗礼的子贡，一有机会就宣讲孔子的思想主张。子贡是孔子学说的宣讲者和捍卫者，对孔子学说的传播发挥了其他人无法取代的重大作用。

《韩诗外传》卷八记载一个故事。齐景公问子贡：“先生的老师是谁？”子贡回答：“鲁国的仲尼。”齐景公问：“仲尼是贤人吗？”子贡回答说：“岂止是贤人，是圣人啊！”齐景公又问：“那么他是什么样的圣人呢？”子贡说：“不知道。”齐景公显得有些不高兴：“你刚才说他是圣人，现在怎么又说不知道了？”子贡说：“我一生都是头顶天脚踩地，但却不知道天有多高、地有多厚。我跟着孔子学习，就像拿着瓢到江河里饮水，腹满而去，却哪里知道江河有多深呢？”齐景公不相信：“先生对仲尼是否过誉了？”子贡说：“我哪敢过誉，我觉得还不够呢。我对仲尼的赞誉，不过是给泰山添了两捧土，根本不会增加泰山的高度；即使我不称赞老师，也不过就是用手刨去泰山上的两捧土，根本不会降低泰山的高度。”齐景公还是不相信，连声问：“真的吗？真的吗？”

尧曰篇第二十

20.1 尧曰："咨！尔舜！天之历数[①]在尔躬，允执其中[②]。四海困穷，天禄永终。"舜亦以命禹。

曰："予小子履[③]，敢用玄牡，敢昭告于皇皇后帝：有罪不敢赦。帝臣不蔽，简在帝心。朕躬有罪，无以万方；万方有罪，罪在朕躬。"

周有大赉，善人是富。"虽有周亲，不如仁人。百姓有过，在予一人。"

谨权量，审法度，修废官，四方之政行焉。兴灭国，继绝世，举逸民，天下之民归心焉。

---

① 天之历数：王位相传的次序。

② 允执其中：由你来执掌最高权力。把"中"解释为中庸之道是不对的。

③ 予小子履：予小子，和"予一人"，一般认为是上古帝王自称。履是商汤的名字。

所重：民、食、丧、祭。

宽则得众，信则民任焉，敏则有功，公则说。

【说】尧（在传位给舜的时候）说："啧啧！你这个舜！上天所定的帝位（最高权力）就由你来掌握了，诚心实意地执掌最高权力吧。如果在你的治下天下的百姓都贫穷困苦，上天给你的禄位就会永远终止了。"统治者对民众的生活是要负责的，民众生活好坏是政治得失的真实考验。尧讲的"四海困穷，天禄永终"，是永恒真理。所以，舜在传位给禹的时候，也用同样的话告诫禹。

商汤说："我履谨用黑色的公牛奉祭，向伟大的天帝祷告：有罪的人，我不敢擅自赦免；臣仆的罪恶我也不敢隐瞒，您的心里是早就知道的。我本人若有罪，就不要牵连天下万方的百姓；天下万方的百姓有罪，罪过都由我一个人承担。"商汤的这个表态，是儒家倡导以德治国的依据。最高统治者如果没有商汤"朕躬有罪，无以万方；万方有罪，罪在朕躬"的态度，就谈不上以德治国。

周朝的时候分封诸侯，使好人都富贵起来。周武王说："我虽然有至亲，不如有仁德之人。百姓如果有罪过，过错都在我一人身上。"从周武王的话来看，他也是位以德治国的典范。

谨慎校验并审定度量衡，周密地制定完善典章制度，修复已废弃的官职，全国的政令就会畅通了。复兴已经灭亡的国家，承继已经断绝的宗族，提拔任用被遗落的人才，天下的百姓就会诚心归服了。

国君所重视的是，民众、粮食、丧礼、祭祀。

国君宽厚就会得到众人的拥护，诚实守信就会得到民众的信任，勤敏就能取得功绩，公平公正就会使人心悦诚服。

20.2 子张问于孔子曰："何如斯可以从政矣？"

子曰："尊五美，屏四恶，斯可以从政矣。"

子张曰："何谓五美？"

子曰："君子惠而不费，劳而不怨，欲而不贪，泰而不骄，威而不猛。"

子张曰："何谓惠而不费？"

子曰："因民之所利而利之，斯不亦惠而不费乎？择可劳而劳之，又谁怨？欲仁而得仁，又焉贪？君子无众寡，无小大，无敢慢，斯不亦泰而不骄乎？君子正其衣冠，尊其瞻视，俨然人望而畏之，斯不亦威而不猛乎？"

子张曰："何谓四恶？"

子曰："不教而杀谓之虐；不戒视成谓之暴；慢令致期谓之贼；犹之与人也，出纳之吝谓之有司。"

【说】子张向孔子请教："怎样去治理政务呢？"

孔子回答说："尊崇五种美德，摒除四种恶政，这样就可以治理政务了。"子张问："五种美德是什么？"孔子说："一是给老百姓好处而自己却没有什么花费，二是使用民力而老百姓却不怨恨，三是自己有欲求却不贪婪，四是雍容大方却不骄傲自大，五是有威严而不凶猛。"

子张追问："给老百姓好处而自己却没有什么花费，怎么能够做到呢？”

孔子说：“让老百姓干他们能够得到利益的事情，让老百姓享受自己勤劳带来的果实，这不是给老百姓好处而自己却没有什么花费吗？选择合适的时机让老百姓干事情，他们怎么会有怨恨呢？自己积极向上追求美好事物又得到了它，求仁得仁，还要贪求别的什么呢？无论人多人少、势力大小，君子都不会怠慢他们，这不是雍容大度却不骄傲吗？君子衣着整齐，行为端庄，使人望而生畏，这不是威严而不凶猛吗？”

子张问：“四种恶政又是什么呢？”孔子回答说：“不教育而诛杀叫作虐；不事先说明却直接要结果叫作暴；开始懈怠突然限期要求叫作贼；给人财物时在应当支付的地方过分吝啬叫作小气。”

20.3 孔子曰：“不知命，无以为君子也；不知礼，无以立也；不知言，无以知人也。”

【说】孔子说：“不知道一生的责任、使命和担当，就不能称为君子。不懂得礼，就无法在社会上立足。听不懂别人的言语，就不可能了解别人。”

所谓知命，就是知道自己，知道人之为人的责任、使命和担当。知命以后，才能自觉地尽到本分，把此生的时光完满地充实起来。孔子的知命，是一种理性的自觉，大约与古希腊苏格拉底“认识你自己”有相似之意。

而礼的本质，是负责协调个人情感与理智的社会标准。按照自然的逻辑，人，首先是人，其次才是社会的人。人需要情感，没有情感不能称之为人；社会需要个人的理智，没有理智则不成为社会。按照社会的逻辑，人是社会的人，是社会性动物，没有社会就没有人类，没有人类就没有个人。对于一个需要同时具备理智和情感的个人来讲，情感与理智往往很难各得其所。一个人无法完全地宣泄情感，也无法保持绝对的理智，往往徘徊在情感与理智之间。所以，人性终究是需要协调、平衡的。只有个人内心的协调与平衡，与社会标准相同或者相近时，个人行走社会才是顺畅的、快意的。否则，如果内心的协调与平衡和社会标准相差太大，是难以在社会上行走的，也就是孔子讲的无法在社会上立足。而社会提供的协调个人感情与理智的一般标准，就是礼。

不识人，谈不上智慧。而孔子指出的知人的途径，是要从语言中寻找。知言是如此重要，但是，尽管孔子对语言文字抱有如此大的信心，他还是要时常面对其他人、他的弟子，有时甚至是他自己，对自己说出来的话的一脸无奈。因为对他人的语言文字，有时难以做到真正的理解，说话的人和听话的人对同一句话本义的理解会存在差异。而知人和人与人之间的交流，语言文字大概是最好的方法了。在语言文字的运用中，就看说话者与听话者如何最大程度地达成一致了。

后记

孔子生活在春秋末期，是社会动荡但思想活跃的时期。孔子是继往开来者。继往是说孔子对他所在时代及以前文化成果做了总结和阐述工作，使其具有比较明确的内容和形式。开来是说孔子创立关于“仁”的思想，以及通过教育普及将这一思想推广到平民百姓中去。《史记·孔子世家》说：“孔子布衣，传十余世，学者宗之。”这是孔子思想价值产生的深远影响。

《论语》记录孔子及其弟子言行，是孔子思想的集中体现，传之后世，虽历经两千余年而经久不衰。古今中外学者对《论语》的阐释解读成果颇丰，直至今天人们仍能被其思想魅力和文化底蕴深深触动。笔者尝试以浅说的形式解读《论语》，正是基于这种内心的触动和对孔子思想的浓厚兴趣。

本书主要采用夹“译”夹“评”的方式逐篇逐章解读《论语》，通过梳理考证相关文献资料，尝试为读者补充《论语》记叙孔子言行背后的一些背景知识，同时结合个人的学习思考和人生体悟，在阐释清楚原文大意的基础上，对孔子的思想主张和人格品质等进行简要评述。

在写作本书过程中，笔者参考借鉴了前人研究成果，未能一一指出，在此谨致谢忱。

本书出版得到了党建读物出版社的大力支持，在此表示诚挚谢意。

由于水平有限，书中难免有疏漏之处，敬请读者批评指正。

作　者

2024 年 3 月